KB098794

고미숙의
근대성 3부작
03

병리학과 근대적 신체의 탄생

위생의 시대

고미숙의 근대성 3부작 03

위생의 시대 : 병리학과 근대적 신체의 탄생

발행일 초판5쇄 2024년 9월 20일(甲辰年 癸酉月 丁亥日) | **지은이** 고미숙 |
펴낸곳 북드라망 | **펴낸이** 김현경 | **주소** 서울시 종로구 사직로8길 24 1221호(내수동, 경희궁의아침 2단지) |
전화 02-739-9918 | **이메일** bookdramang@gmail.com

ISBN 978-89-97969-33-3 04910 978-89-97969-34-0(세트) | 이 도서의 국립중앙도서관 출판시도서목록
(CIP)은 서지정보유통지원시스템 홈페이지(http://seoji.nl.go.kr)와 국가자료공동목록시스템(http://www.
nl.go.kr/kolisnet)에서 이용하실 수 있습니다.(CIP제어번호: CIP2014010101) | Copyright © 고미숙
저작권자와의 협의에 따라 인지는 생략했습니다. 이 책은 지은이와 북드라망의 독점계약에 의해 출간되었으
므로 무단전재와 무단복제를 금합니다. 잘못 만들어진 책은 서점에서 바꿔 드립니다.

책으로 여는 지혜의 인드라망, 북드라망 **www.bookdramang.com**

병리학과 근대적 신체의 탄생

위생의 시대

고미숙 지음

BookDramang
북드라망

'미세먼지'와 위생의 시대

하나 올해는 유난히 스모그가 심하다. 중국정부는 스모그와의
전쟁에 무려 430조를 뿌리겠다고 선언했다. 스모그라는 말은
참으로 오랜만이다. 도시와 스모그가 동의어처럼 쓰이다가 언
제부턴가 스모그라는 말이 사라졌었다. 그래서 현대문명이 환
경문제를 충분히 해결했나 보다, 고 생각했다. 하지만 착각이
었다. 자동차가 더더욱 늘어나고 도시가 날로 화려해지는데 대
기가 청정해졌을 리가. 아니나 다를까 연초부터 미세먼지가 뉴
스의 탑을 장식하더니 결국 그 진원지인 중국에선 최고의 정치
적 이슈로 부각되기에 이른 것이다. 미세먼지건 스모그건 원인
은 사막화다. 한마디로 대지에 물이 고갈된 것. 물은 고갈되고
매연가스의 분출은 더더욱 심화되고. 사람의 몸으로 치면 수승
화강水昇火降; 찬 기운은 올라가게 하고 뜨거운 기운은 내려가게 해야 건강을 유지할 수 있

다는 한의학의 원리이 안 되는 증상인 것. 결국 자업자득이다. 자동차에 대한 의존도는 높아만 가고 도시인들의 물 소비는 천문학적 수준에 이른다. 집집마다 방방마다 설치된 샤워실을 떠올려 보라. 도시인들은 거의 매일, 아니 아침저녁으로 샤워를 해댄다.

이쯤 되면 청결이 아니라 강박증이다. 이 강박증의 원천은 어디일까? 바로 병리학이다. 이 땅에 병리학이 도래하면서 사람들은 자신의 몸을 씻어 대기 시작했다. 처음엔 세균을 몰아내기 위하여, 또 감염을 방지하기 위하여, 그러다 세련된 도시 매너를 위하여. 이제는 아무 생각 없이! 그냥 씻고 또 씻는다. 위생이 습속이 되고 마침내 무의식이 되어 버린 것. 더 가관인 건 이렇게 씻어 대는데도 아토피를 비롯하여 각종 피부질환은 더한층 기승을 부리고 있다는 사실이다. 그 원인이 지나친 위생과 청결에 있다는 건 이제 상식이다. 즉, 세균을 너무 박멸하다 보니 몸의 자생력도 함께 떨어진 것이다.

둘 병리학은 신체를 결핍과 질병의 온상으로 본다. 신체에 대한 경멸과 불신이 저변에 깔려 있다. 그래서 각종 의료기술로 늘 관리하고 보정해 주어야 한다. 이런 사유가 진화한 예가 바로 성형중독이다. 대한민국은 바야흐로 성형붐이 몰아치고 있다. 지하철은 성형광고로 도배되어 있고, 각종 미디어에선 성형의 변신술을 전파하기에 급급하다. 커다란 이목구비, 손바닥만 한 얼굴 사이즈, 팔등신의 기다란 몸매 등이 성형의 척도다. 조만간 거리의 모든 얼굴들이 한통속이 될 전망이다. 이름하여 '애프터'족! 자신감을 위해서라지만 이거야말로 자신에 대한 부정의 극치다. 자신의 개성을 지우고 누군가를 닮아 가려는 몸부림, 여기에서 존중감이 생길 리 만무하다. 그럴 때 삶은 운무 속에서 길을 잃게 된다. 청결강박증이 물을 마르게 하고 그것이 다시 먼지가 되어 돌아오듯이, 성형중독은 삶 전체를 운무에 휩싸이게 할 것이다.

셋 몸은 타자들의 공동체다. 『동의보감』에 따르면, 몸은 내경과 외형으로 이루어져 있다. 내경內景은 몸 안의 풍경, 외형外形은 몸 바깥의 형태. 외형이야 그렇다 치고 몸 안에는 무엇이 있을까. 정精·기氣·신神·혈血·몽夢·성음·언어·진액·담음·오장육부·포胞(자궁)·충蟲·소변·대변 등이 그것이다. 참으로 다이내믹하다. 정·기·신과 혈, 진액·담음, 또 오장육부와 포까지는 대충 이해가 되는데, 소변·대변은 좀 뜻밖이다. 똥오줌이 내 몸 안의 풍경이라고? 그렇다. 우리는 늘 똥오줌을 안고 살아간다. 그렇지 않으면 생존 자체가 불가능해진다. 또 충은 세균을 비롯하여 각종 벌레들을 의미한다. 일종의 침입자 혹은 이주민인 셈이다. 인정하긴 싫지만, 우리 몸의 많은 부분은 이들이 차지하고 있다. 당연히 우리의 삶에 막강한 영향력을 행사한다. 헉!

그렇다면 내 생각과 감정, 행동의 은밀한 배후조종자는 벌레라는 뜻? 더 의아한 것이 몽(꿈)·성음(목소리)·언어다. 이것들은 대체 어디에 있는가? 안에 있기도 하고 바깥에 있기도 하다. 즉, 안과 밖의 '사이'에 있다.

이처럼 우리 몸은 온갖 이질적인 존재들이 득시글거리는 타자들의 공동체다. 이 가운데 내가 조율할 수 있는 영역이 얼마나 될까? 거의 없다! 결국 내 몸의 주인은 내가 아니다! 그래서 슬프냐고? 아니, 그 반대다! 그것은 앎에 대한 열정과 호기심을 무한히 자극하기 때문이다. 그리고 그 자극에 이끌리다 보면 아주 놀라운 장면을 발견하게 된다. 몸과 우주, 그리고 삶의 현장이 능동적으로 교차하는!

이 다이내믹한 현장과 조우하기 위해선 무엇보다 병리학적 배치에서 탈주해야 한다. 그런데 그 이전에 이 배치의 기원과 원리를 좀더 세심하게 통찰할 필요가 있다. 즉, 계보학적 탐색이 필요한 지점이 여기다. 아는 만큼 길이 열릴 터이므로. 이 책이 그 길로 이어지는 징검다리가 되기를 희망한다.

*   *   *

1. 이 책에 등장하는 자료들은 주로 근대계몽기에 속한 것들이다. 근대계몽기란 이 땅에 근대성이 정초된 '기원의 장'으로

1894년(갑오동학혁명/갑오개혁)에서 1910년(한일병합)까지를 이르는 말이다. 한편으론 일제 병탄併呑이 진행된 시기이지만, 다른 한편 계몽운동이 왕성하게 벌어진 연대이기도 하다.

당시는 신문이 문명과 구국의 첨병이었다.『독립신문』,『대한매일신보』,『황성신문』등이 그 중심에 있었다. 특히『대한매일신보』의 활약은 눈부시다. 이 매체의 계몽운동이 가장 절정에 이른 순간이 1907년이다. 을사조약(1905년)에 이어 이 해에 체결된 정미7조약으로 이미 대세는 기울었다. 그런데 놀랍게도 이 해는 언문일치운동이나 국채보상운동 등 문명개화를 향한 계몽운동이 범국민적 차원에서 벌어진 시기이기도 했다. 이 시대의 중요한 거울인 '계몽가사'가 폭발적으로 창작되기 시작한 것도 이때부터다. 그런 점에서 이 책은 '응칠'(응답하라 1907)의 한 버전에 해당한다.

2. 나는 자타공인(^^) 고전평론가다. 고전평론이란 오래된 고전을 우리 시대의 첨예한 문제와 '사선으로' 연결하는 글쓰기를 말한다. 이 작업을 제대로 수행하려면 근대성에 대한 심층적 탐구는 기본이다.『한국의 근대성, 그 기원을 찾아서』(2001),『나비와 전사』(2006),『이 영화를 보라』(2008) 등이 그간에 제출된 결과물이다.

디지털 문명이 고도화되면 ‘근대성’이라는 테마는 시효가 다할 것이라 생각했다. 하지만 착각이었다. 21세기가 되어도 사람들의 의식은 놀라울 정도로 20세기에 갇혀 있었다. 어떤 점에선 더더욱 긴박되었다. 하여, 근대성에 대한 계보학적 탐색이 여전히 유효하다는 판단하에 이 ‘근대성 3부작’을 출간하게 되었다. 이전에 제출한 세 권의 저술을 주제별로 ‘리메이크’ 하면서 부분적으로 수정·첨삭을 가하였다. 주제의 밀도는 높이고 독자들과의 소통회로는 넓히자는 취지에서다. 이 책 『위생의 시대』는 그 3부작의 제3권이다.

2014년(갑오년) 4월

남산 아래 ‘감이당’ 공부방에서

고미숙

차 례

일러두기

1 이 책에 인용되어 있는 『독립신문』, 『대한매일신보』 등을 비롯한 근대계몽기의 자료들은 원문 그대로가 아니라 현대적 표기로 수정을 가한 문장입니다(원문은 '한국역사정보통합시스템' 홈페이지 www.koreanhistory.or.kr에서 '근현대신문자료'를 선택하시면 보실 수 있습니다). 또한 인용문의 강조 표시(고딕체로 표기)는 모두 인용자의 것입니다.

2 근대계몽기의 자료를 제외한 인용 서지의 표기는, 해당 서지가 처음 나오는 곳에 지은이, 서명, 출판사, 출판 연도, 인용 쪽수를 모두 밝혔으며, 이후에 다시 인용할 때는 지은이, 서명, 인용 쪽수만으로 간략히 표시했습니다.

3 영화를 다루는 부록에 나오는 영화의 대사들은 표준어 표기를 따르지 않고 입말 그대로 표기했습니다.

4 신문 및 잡지 이름, 단행본, 장편, 자료집 등에서는 겹낫표(『 』)를 썼으며, 신문 및 잡지의 기사, 논문, 단편, 단행본의 장제목 등에는 낫표(「 」)를 썼고, 영화나 드라마에는 꺾쇠표(< >)를 사용했습니다.

1장

병리학과 기독교—근대적 신체의 탄생

"중국의 제일 장관은 저 기와 조각에 있고, 저 똥덩어리에 있다.
대체로 깨진 기와 조각은 천하에 쓸모없는 물건이다. 그러나
······ 깨진 기와 조각도 알뜰하게 써먹었기 때문에 천하의 무늬를
여기에 다 새길 수 있었던 것이다. ······
똥오줌은 아주 더러운 물건이다. 그러나 거름으로 쓸 때는
금덩어리라도 되는 양 아까워한다. 한 덩어리도 길바닥에
흘리지 않을뿐더러, 말똥을 모으기 위해 삼태기를 받쳐들고
말 꼬리를 따라다니기도 한다. ······ 똥덩어리를 처리하는 방식만
보아도 천하의 제도가 이에 다 갖추어졌음을 알 수 있겠다."
— 연암 박지원,「일신수필」馹汛隨筆,『열하일기』

"19세기의 정치적 권리의 가장 큰 변화 가운데 하나는 이 오래된
군주의 권리 ──죽게 만들고 살게 내버려 두는── 를 새로운
권리로 ······ 보완하는 것이었다고 나는 생각한다. 이 새로운 ······
권리는 살게 만들고 죽게 내버려 두는 것이다. ······ 이 새로운
권력기술에서는 무엇이 문제인가? ······ 그것은 출생과 사망의
비율, 재생산의 비율, 그리고 한 인구의 생식력 등의 과정의
총체이다. ······ 이것이 의료행위의 조정과 정보의 집중, 앎의
규격화와 함께 공중보건을 주임무로 하는 의학을 만들어 냈다."
— 미셸 푸코,『"사회를 보호해야 한다"』

단상 1 목욕탕 어린 시절 나는 새골(여기서 '새'가 날아다니는 새인지 '새롭다'는 뜻의 새인지 아직도 헷갈린다)이라는 이름을 가진 광부사택 18번지쯤에 살았는데, 몇 개의 언덕배기에 두 줄로 죽 배열된 사택들이 한 자리에 모이는, 로터리쯤 되는 위치에 광업소에서 지어 준 공중목욕탕이 있었다. 광산촌, 하면 아마 검은 얼굴과 검은 시내, 시꺼먼 빨래들을 떠올릴 테지만, 내가 살던 마을은 광산과 멀리 떨어져 있어서 실제로는 산촌에 더 가까운 편이었다. 즉, 광산촌이라기보다는 계곡마다 깨끗한 물이 흘러 거기에서 빨래도 하고, 여름이면 목욕도 할 수 있는 산중 촌락이었다. 그런데도 광업소에서는 광부들과 광부들 가족의 위생을 생각해서 동리 한가운데에 무료로 이용할 수 있는 목욕탕시설을 마련해 주었고, 덕분에 사택에 사는 사람들은 정기적으로 목욕탕에 가는 걸 중요한 행사처럼 치르곤 했다.

우리 식구 역시 한 달에 한 번 꼴로 목욕탕으로 원정(!)을 가곤 했다. 그건 정말 문자 그대로 원정이었다. 일단 목욕탕 건물의 외양이 말할 수 없이 '터프하고' 위압적이어서 지금처럼 휴식공간이나 서비스시설이라기보다 뭔가를 명령하고 통제하는 감옥이나 공장 같은 분위기를 강하게 내뿜고 있었다. 그렇기 때문에 당시의 나한테는 목욕은 유쾌한 몸풀기가 아니라, 마음을 굳게 먹고 치러야 하는 일종의 통과의례였다. 게다가 우리 엄마는 청결에 대한 결벽증이 있는 분이라 목욕탕에서의 한두 시간은 거의 고행에 가까운 시간이었다. 때하고 무슨 원한이 진 사람처럼 엄마는 우리 형제들의 몸을 샅샅이 훑었는데, 더구나 비누가 귀한 때라 약간 깔끄러운 조약돌 같은 것으로 때를 벗겨 댔으니, 그 공포감이 오죽했겠는가. 지금 생각해도 소름이 오싹할 지경이다. 그 돌이 스쳐 지나갈 때마다 내 동생들은 비명을 질러댔지만, 나는 이를 악물고 참았다. 이런 고통을 이겨내야만 독립 투사들의 고난, 수많은 인류의 고통 혹은 예수님의 수난에 함께할 수 있으리라는(이건 정말 농담이 아니다! 생각해 보면, 나는 지금보다도 어린 시절에 훨씬 더 형이상학적으로 사유하는 습관이 강했던 것 같다. 교육 수준이 높아질수록[?] 그런 습관이 어디론가 사라져 버렸지만) 일종의 비장한 결의감을 다졌던 것이다. 이런 목욕제의는 춘천에 있는 고등학교를 갈 때까지 계속되었는데, 내가 지금도 산과 바다 가운데서 거의 일방적으로 산을 좋아하고, 스포츠를 두루 즐기면서도 수영만은 절대로 배울 생각조차 안 하게 된 건 순전히 이 목욕수난 때문이었다고 해도 과언이 아니다.

단상 2 병원 또 하나, 우리집에서 학교까지는 상당히 먼 거리를 걸어가야 했다. 그 중간쯤 아담한 산자락에 병원이 있었는데, 그 병원은 어린 나의 눈에는 동경과 두려움의 대상이었다. 당시로선 가장 초현대적 건물인 데다, 거기는 목욕탕보다도 더욱 특별한 경우에만 갈 수 있는 곳이었기 때문이다. 막내동생이 태어나자마자 다리가 부러져서 한 달인가를 거꾸로 매달려 있을 때라든지, 동생이 시냇가에서 놀다 누군가 산 위에서 던진 돌에 맞아 머리가 터져 수술을 받을 때라든지, 이웃집에 살던 광부들이 사고로 다치거나 죽었을 때라든지 등등. 뭔가 일상의 리듬이 깨지는 '사건'이 있어야만 갈 수 있는 곳이 병원이었다. 정교한 콘크리트 벽으로 깔끔하게 정돈되어 있고, 흰 가운을 입은 의사와 간호원들이 있는 곳, 톱밥이나 장작으로 난로에 불을 때던 그 시절에 '스팀'이라는 신기한 장치가 갖추어진 곳. 그런가 하면 그 병원 옆 또 다른 산이 시작되는 입구에 시체소각장이 있어서, 밤이면 귀신불이 나타난다는 풍문이 애들 사이에 떠돌아 <전설의 고향>과 같은 공포를 동시에 느끼게 해주는 공간이기도 했다. 말하자면, 다치거나 죽어 가는 사람들을 살리는 신기한 과학기술들이 있는가 하면 동시에, 늘 고통과 죽음을 떠올리게 하는 곳이 바로 병원이었다.

단상 3 교회 교회는 병원과는 다른 차원에서 생명과 죽음을 다루는 성소였다. 의사가 몸을 치료해 주고, 육신의 생사를 관장하는 이라면, 목사는 영혼의 삶과 죽음, 구원과 타락을 결정하는 존재였다. '국민'학교 2학년 땐가 처음 자발적으로 교회를 갔던 날 나는 십자가 앞에서 엄숙한 자세로 기도를 올리면서 나 자신이 뭔가 새롭게, 인간답게 거듭나는 듯한 감정에 휩싸였다. 내가 그 이후에도 계속 교회를 열심히 다닌 것은 바로 그런 기분, 곧 교회에 다니면 좀더 '인간다운 인간', '영혼이 정화된 인간'이 될 거라는 믿음 때문이었던 것같다.

물론 교회는 전혀 다른 종류의 관계가 만들어지는 곳이기도 했다. 남녀학교가 분리되어 있는 촌구석에서 남학생, 여학생이 성적 장벽을 넘어 서로 자유롭게 섞일 수 있는, 그러면서도 전혀 어른들의 눈총을 받지 않을 수 있는 합법적인 공간이 교회였기 때문이다. 실제로 오직 연애를 하기 위해서 교회를 다니는 애들도 적지 않았다. 그래도 교회는 결코 문란한 곳이라고 손가락질 받지 않을 수 있는 유일한 사교장이었다. 사실 애들만 그랬겠는가? 청년회에 모인 처녀총각들, 부인회, 장년회에 속한 아줌마, 아저씨들도 일상에서는 해소할 수 없는 친교를 마음 놓고 나눌 수 있는 곳이 교회였을 것이다. 이렇게 교회는 공동체 구성원들의 자발적 조직, 혹은 사교집단으로서의 기능을 수행하는 한편, 학교의 연장선상에서, 아니 그 이상으로 내면과 주체를 정련시키는 거처였다.

목욕을 하고, 병원에서 치료를 받고, 교회에 가서 회개의 기도를 올리고. 하나의 촌락이 근대화되었는지 여부는 이처럼 몸과 마음, 곧 신체를 정화시키는 트라이앵글이 갖추어졌느냐에 달려 있지 않을까. 내 고향뿐 아니라, 소위 '개발'이 진행된 곳이라면 어디든 이 세 가지 문물이 공통적으로 활약하게(?) 마련이다. 근대화의 첨병인 학교가 민족이나 역사담론 같은 거시적 영역을 주로 담당한다면, 목욕탕·병원·교회는 일상의 미시적인 영역에서 근대적 규율과 습속을 구성원들의 신체에 아로새긴다. 우리 엄마가 때를 깨끗하게 벗겨 주는 것을 자식에 대한 애정으로 생각하고, 내가 병원에서 문명, 생명, 죽음 등의 표상들을 환기하고, 또 절보다는 교회에 다녀야 좀더 '완전한 인간'에 가까워진다고 믿었던 식으로.

결국 그 공간들은 구성원들의 신체 곳곳에 일련의 표상들을 그물망처럼 촘촘히 새겨 넣음으로써 근대적 주체를 만들어 낸다는 점에서 일종의 근대성의 '성소'인 셈이다.

1. 병리학의 도래와 근대

문명개화의 적, '똥'?

> 지금은 나라 안의 기운이 크게 변하여 만국이 교통하여 수레와 배
> 가 바다 위로 마구 달리고, 전선이 온 세계에 그물처럼 널렸으며,
> 광을 열어 금은을 캐내고 쇠를 녹여 모든 기계를 만드는 등 일체의
> 민생과 일용에 편리한 일들을 자못 이루 다 말할 수 없다. 그중에서
> 각국의 가장 요긴한 정책을 구한다면, 첫째는 위생이요, 둘째는 농
> 상이요, 셋째는 도로인데, 이 세 가지는 비록 아시아의 성현이 나라
> 를 다스리는 법도라고 해도 또한 여기에서 벗어나지 않을 것이다.
> 춘추의 시절에도 남의 나라에 가면, 우선 그 나라의 도로와 교량
> 을 보고서 그 나라 정치의 득실을 알았다고 한다. 내가 들으니, 외
> 국 사람이 우리나라에 왔다 가면 반드시 사람들에게 말하기를 "조
> 선은 산천이 비록 아름다우나 사람이 적어서 부강해지기는 어려울
> 것이다. 그보다도 사람과 짐승의 똥오줌이 길에 가득하니 이것이
> 더 두려운 일이다"라고 한다 하니 어찌 차마 들을 수 있는 말인가.
> …… 현재 구미 각국은 그 기술의 과목이 몹시 많은 중에서도 오직
> 의업을 맨 첫머리에 둔다. 이것은 백성들의 생명에 관계되기 때문
> 이다.

김옥균, 「치도약론」治道略論, 『한성순보』 1884년 7월 3일자

향일에 경무청 훈령으로 인민의 집 측간 구멍을 영위 막은 것은 첫

째 인민의 위생을 극진히 보호하는 본의요 둘째는 도로가 정결함을 숭상하는 일이라 인민된 자 어찌 위생에 이익을 감격히 아니 여기며 또 어찌 훈령을 어기리오 인민들의 생각에 이렇게 막은 후에 똥이나 오줌을 쳐낼 방책이 필경 있으리라 하였더니 막은 지가 날이 오래돼 똥과 오줌을 쳐내일 사람도 없고 방책도 없어서 다행히 측간 구멍이 깊은 집은 아직 며칠은 더 견디려니와 구멍이 얕은 집은 똥오줌이 넘쳐서 정결치도 못하고 그 괴악한 냄새에 사람이 견딜 수가 없이 되니 본래 경무청에서 막으라 한 본의가 밖으로 흘러나오는 더러운 것만 막아서 대도상 행인의 위생만 보호하여 주고 집 속에 있는 사람의 위생은 불관하는지 모르거니와 만일 그렇지 아니할 양이면 똥과 오줌 쳐낼 방책을 어서 바삐 하여 주는 것이 일하는 차서에도 합당하고 집 속에 있는 사람의 위생에도 매우 좋을 듯하도다. 향일에 내부에서 인민의 집 측간 구멍은 영위 막고 똥과 오줌을 쳐내일 방책으로 세 가지 조목을 마련하여 경무청에 훈칙하였다 하기에 우리 신문에도 이왕 기재하였거니와 정부에서 영칙을 기위 내리고서 필경은 설시하는 일이 없이 백성들의 말이 이러하니 실로 딱하도다.

『독립신문』1898년 8월 11일자 「이것이 위생인지」

김옥균의 「치도약론」과 서재필이 주관한 『독립신문』, 잘 알려져 있듯이, 이 둘은 19세기 말 급진 개화파들의 텍스트이다. 그런데 이들은 공히 문명개화의 척도로 위생을 전면에 표방하고 있다. 이들이 보기에 서구의 문명은 '위생과 건강'이라는 표상으로 다가왔고, 그 표상의 거울에 비친 '조선의 얼굴'은 악취에 찌들어, 말할 수 없이 약하고 병든 모습이었다.

김옥균은 이어지는 대목에서 문명개화의 방도로서 "민가의 변소는 마땅히 각각 따로따로 만들게 하고, 또 그 집터의 넓고 좁은 것을 헤아려서 만든다." "치도본국에는 따로 자금을 마련했다가, 매월 말일이면 각 부내에 저장된 대소변을 그 호구의 많고 적은 것에 따라서 값을 주고 사들인다. …… 인분을 여기에 저장하여 냄새가 새어 난다거나 거름 기운이 없어지지 않게 했다가, …… 치도본국에서 먼저 인분을 싣는 수레와 뚜껑 있는 분통을 만들어 두었다가 인분을 운반하는 데 쓰게 한다. 역부가 만일 분통에 뚜껑을 씌우지 않는 자가 있으면 때때로 이것을 벌준다. …… 한 구역의 순검이 맡은 경계 안에는 치도본국으로부터 나무로 만든 집 2, 3칸을 짓고, 매 칸마다 따로 나무통을 묻어서 길 가던 사람들이 급히 오줌을 눌 때 쓰도록 한다. …… 인분 구덩이에는 마땅히 치도국에서 감독하는 관리를 두어서 인분은 농부에게 팔되, 값은 반드시 싸게 하여 일정한 규칙이 있도록 하여야 한다"고 쫀쫀하다고 할 정도로 구체적인 대안들을 제시하고 있다. 갑신정변의 풍운아가 쓴 글치고는 참, 뜻밖이지 않은가?

『독립신문』역시 마찬가지다. 앞의 자료가 보여 주듯, 길거리에서 대소변을 금지해야 한다는 점과 내부 위생국과 경무청에서 백성들의 건강을 방기하고 있다는 점을 주요한 시사토픽으로 연달아 조명하고 있다. 특히 중요한 이슈는 변소 개량이 제대로 되지 않아 길

거리에 똥오줌이 넘쳐서 정결치도 못하고 괴악한 냄새 때문에 위생에 아주 불리하다는 것이다. 문제는 '똥'이었다.

똥이 문명의 적이라니?(이럴 수가!) 사실 똥이 무슨 죄가 있을까. 죄가 있다면, 느닷없이 똥을 견딜 수 없게 된 뒤바뀐 현실에 있는 것. 예컨대, 똥이 풍기는 냄새, 악취 등을 비위생적이라 여기게 된 근대적 시선의 장치가 똥(혹은 똥의 죄악)을 새삼 '발견'해 냈다고 보아야 하지 않을까?

그리고 이것은 비단 근대계몽기 입구에서 잠시 부각된 쟁점이 아니라, 1905년 이후 더욱 무르익으면서 계몽담론의 중심을 차지할 정도로 '뜨거운 감자'였다.

청룡도 드는 칼을 힘까지 갈아 들고 사양풍 저문 날에 쉬파람 한소리로 낙낙히 배회타가 우주를 바라보고 서리날 만지면서 시험할 곳 생각하니 벨 것 적지 않고 끊을 것 하도 많다 사지가 온전하여 자유를 할 만한데 제 생활 저 못하고 의뢰심 끊고지고 시세도 모르시고 위생도 모르시는 야만인 세벌상투 일시에 베고지고 이 사람 잘한 일은 저 사람 반대하여 못되게 방해하는 시기심 끊고지고 풍설을 지어내어 민심을 선동하며 나라를 해케하는 혁밑을 베고지고 경륜도 없는 자가 생애에 골몰하여 구사 분주한 이 발목을 베고지고 국세는 쇠약하고 생재는 몰책한데 허송세월 하는 자에 나태심 끊고지고 완고한 학구들이 아동을 모아놓고『계몽편』『동몽선습』맹꽁성 끊고지고 공부할 여자들을 깊은 곳 가둬두고 발달치 못하는 집

문걸쇠 끊고지고 무도한 어느 뉘가 전진치 못하도록 교육에 방해
하여 못하게 하는 날은 우리는 노예되어 멸망을 당할지니 교육을
더 잘하여 상등국 되온 후에 태국기 높이 들고 만만세 불러보세

『대한매일신보』 1907년 8월 31일자 「검가—신동申童의 동요童謠」

이 '계몽가사'는 문명개화를 가로막는 장애들을 단칼에 베어 버
리고 싶은 욕구를 비장한 분위기로 표현하고 있다. 시기심, 이기심,
노예근성 등 여러 악덕 가운데 '위생을 모르는 야만'이 단연 앞부분
을 차지하고 있다. 이렇게 해서 '위생'은 야만과 대립되는 문명의 표
지이고, 그래서 교육과 더불어 국권회복으로 가는 데 있어 필수불가
결한 코스임을 누구도 부인할 수 없게 되었다.

바야흐로 '위생의 시대'가 도래한 것이다. 이런 식으로 계몽주의
자들에 의해 위생에 대한 새로운 표상들이 전파되는 한편, 1905년
이후 통감부 체제가 들어선 뒤에는 법적·제도적 차원에서 위생국, 치
도국이 만들어지고, 가옥 개량·도로 교량·위생법 등이 실시되어 삶
전체를 '위생적으로' 조직하기 위한 광범위한 프로젝트가 추진된다.

물론 이 과정은 결코 매끄럽게 진행되지 않았다. 생각해 보면, 위
생적인 삶이란 가장 원초적인 차원에서 사람들의 일상을 재조직하
는 것인바, 그것이 단번에 이루어질 리가 없다.

원수로다 원수로다 위생국이 설시되면 가가호호 청결하여 무병할
줄 알았더니 푼전난득 이내 산업 일본순사 저 등쌀에 식정까지 전

당잡혀 똥통 설시하였는데 놀보집이 아니어든 똥천지가 무삼 일고 그중에도 청결비를 매호매간 2전씩에 제 똥 주고 값을 내니 개화법 은 이러한가 장래위생 고사하고 금일 당장 못 살겠네 남의 탓을 할 것 있나 똥구멍이 원수로다

원수로다 원수로다 치도국이 설시되면 도로교량 수축하여 편할 줄 로 알았더니 여러 만금 치도비는 어떤 양반 다 자시고 추한 모래 실 어다가 외면에만 덮었구나 동적강이 아니어든 모래톱이 웬일인가 인력거나 마차 위에 거들거려 앉은 이는 남의 사정 모르지만 도보 하는 내 신세는 태산 같은 짐을 지고 한 걸음이 극난일세 남의 탓을 할 것 있나 내 다리가 원수로다

『대한매일신보』 1908년 10월 23일자 시사평론

이 어처구니없는 상황은 위생과 치도가 실제로 민중들의 일상에 가한 고충을 해학적으로 묘사하고 있다. 그것은 단지 신체적 고달픔 만을 유발하는 정도가 아니라, 생활기반 자체를 와해시키고, 나아가 그것을 통해 이익을 취하는 일인日人들과의 민족갈등까지 일으킬 정 도로 과격한 것이었다. 그래서 다음과 같은 한탄과 고발이 끊이지 않 게 되었다.

월색 좋다 정밤중에 남북촌을 돌아드니 몇몇 사람 모여 앉아 쓰레 기와 **똥통**으로 살 수 없다 언론할 제 원망하며 탄식함을 차마 듣기 어려워라 대강 기록하였으니 당국자들 들어보소

한 사람이 하는 말이 위생위생 원수로다 쓰레기와 똥통 모두 동리 앞에 쌓아두어 들며나며 저 악취에 오장육부 올라오니 위생할 수 정말 없네 일인들은 이利가 되나 한인이야 무슨 죈고

또 한 사람 하는 말이 위생위생 원수로다 쓰레기를 쌓더라도 그냥이나 두었으면 백배치하 하겠지만 그중에다 불태기로 냄새맡고 병이 되니 일인들은 이가 되나 한인이야 무슨 죈고

또 한 사람 하는 말이 위생위생 원수로다 쌓더라도 무방하고 불태워도 예사로되 전날 만 냥 가던 집을 몇 천 냥에 팔려 해도 살 사람이 없고 보니 일인들은 이가 되나 한인이야 무슨 죈고

또 한 사람 하는 말이 위생위생 원수로다 상봉하솔 이내 몸이 어물 낫과 술밥 팔아 근근득생 지내더니 오예장을 만든 후로 사람마다 피해 가니 일인들은 이가 되나 한인이야 무슨 죈고

또 한 사람 하는 말이 위생위생 원수로다 똥통 잘못 하였다고 일순사가 달려들어 우리집에 여편네들 볼 치떠러 놀랐는데 낙태까지 하였으니 일인들은 이가 되나 한인이야 무슨 죈가

또 한 사람 하는 말이 어리석다 자네들은 위생 실시한다 함이 한인위생 믿었던가 쓰레기로 먹고 보면 체증날까 염려되어 작말해서 먹으려고 소존성을 하였으니 일인위생 이 아닌가

또 한 사람 하는 말이 우리 분한 창자 속에 있던 똥이 나왔으니 독기인들 없을쏘냐 약고 약은 일인들이 해가 될까 겁을 내어 오래도록 통에 넣다 삭은 후에 가져가니 위생에는 졸업했네

또 한 사람 하는 말이 자네들은 걱정 마소 명년 사월 돌아와서 척식

사무 시작하고 일본국의 농민들이 많이 많이 건너오면 똥을 통에
눌 새 없이 번쩍번쩍 쳐갈 테니 그때 가서 위생하세

『대한매일신보』 1908년 11월 8일자 시사평론

한국인의 곤란 정황 삼척동자 아는 바라 더 말할 것 없거니와 위생
법을 실시 후로 더욱 곤란 자심타는 여항물론 들어본즉 이리 가도
원망이요 저리 가도 칭원이라 민생 호원呼冤 이렇고야 무슨 일이 될
수 있나 청이불문 할 수 없어 듣는 대로 말하노라
못살겠네 못살겠네 나는 진정 못살겠네 오예물汚穢物; 지저분하고 더러운
물건을 다 제하고 신선공기 받는 것이 위생상에 필요인데 똥통 설시
한 이후로 게딱지와 같은 집에 방문 열고 나서면은 똥통 부엌 한데
붙어 음식기운 똥냄새가 바람결에 혼합하니 구역나서 못살겠네
못살겠네 못살겠네 나는 진정 못살겠네 의복 음식 요족하여 기한
없게 하는 것이 위생상에 필요인데 전재고갈 이 천지에 조석으로
절화하여 부모처자 주린데도 구제방침 없건마는 위생비를 내라 하
고 불볶듯이 독촉하니 정신없어 못살겠네
못살겠네 못살겠네 나는 진정 못살겠네 신체강건 하려니와 십지활
발 하는 것이 위생상에 필요인데 근근득생 우리더러 인정없는 일
순사가 문앞 쓸지 않았다고 구타하며 공갈한다 군도 끄는 소리에
몸서리가 절로 나니 경겁하여 못살겠네
못살겠네 못살겠네 나는 진정 못살겠네 남녀간에 짝을 지어 서로
살림 하는 것이 위생상에 무해인데 유부녀의 매음함은 치지불문하

면서도 과부되어 개가코저 한두 남자 선본 것을 매음녀로 잡으다
가 병 있다고 검사하니 경위없어 못살겠네

가련하다 저 사람들 이 내 말을 들어보라 개인이나 국가이나 자유
권을 잃은 후에 압제속박 받는 것은 면치 못할 바이어니와 행복이
라 하는 것은 곤란 중에 나는 게니 쓸데없는 청원 말고 자강력을 양
성하소 자유권만 찾으면은 이런 곤란 없으리라

『대한매일신보』 1909년 4월 16일자 시사평론

이것이 식민지 민중의 눈에 포착된 청결과 위생이라는 근대적
제도의 실체이다. 이 텍스트들에는 문명의 역설적 국면들이 적나라
하게 펼쳐진다. 느닷없이 어느날 자기 똥을 주고 돈을 내야 하는 어
처구니 없는 상황, 위생을 위해 똥을 모아 놓았는데, 그 때문에 오히
려 더 악취에 시달려야 하거나 집값이 폭락하는 곤경에 빠진 상황,
또 위생비 때문에 경찰에 닦달당하는 처지 등등. 한마디로 '위생위생
원수이고' '위생이 곧 고생'인 세상인 셈이다.

사실 많은 일이 이렇지 않았을까? 개화는 결코 유길준이 『서유
견문』西遊見聞에서 언명한 것 같은 '지고지선'의 상태가 아니다. 오히
려 그것은 낡은 삶을 여지없이 파괴하면서 허허벌판에 인간들을 내
동댕이치는 폭력으로 구현된다. '모든 고정된 것이 연기처럼 사라지
는' '모더니티'의 시간 속으로. 위생이라는 체계 역시 그와 같아서, 위
생법이 실시될수록 민중의 삶은 더욱더 구질구질하고, 더욱더 구차
하게 전락해 버릴 수밖에 없었다. 위의 텍스트들은 바로 그 아이러니

한 현장을 여실하게 고발하고 있다.

그러나 그렇다고 이전의 삶으로 되돌아 갈 수도 없다. 아니, 누구
도 그것을 원하지 않는다. 아무리 제도가 폭력적이고, 그로테스크하
다 할지라도 이제 위생은 모두에게 자명한 테제가 되어 버렸기 때문
이다. 대체 위생이 뭐길래?

병인체론과 '생체권력'(bio-power)

병이 들면 누구나 특정한 병원체, 즉 세균이 그 병의 원인이라고 생
각한다. 그래서 세균을 몸에서 제거하거나 도려내면 병이 낫는다고
여긴다. 그런데 정녕 그러한가? 병을 일으키는 것이 정말 병균일까?
잘 알고 있듯이, 서양의 히포크라테스 의학이나 전통 한의학의 경우,
'건강은 음양의 조화가 이루어진 상태이며, 질병은 그 조화가 깨어진
상태'로 파악한다. 질병은 환자의 신체와 분리되지 않으며, 환자의 신
체는 자연과의 유기적 연관하에서 존재하기 때문이다. 그렇게 볼 경
우, 치료는 환자의 신체를 둘러싼 여러 조건들의 깨어진 균형을 다시
회복시키는 데 주력하게 된다. 그에 반해 세균을 병의 원인이라고 보
면, 인간의 신체는 더 이상 자연과의 연관하에서 파악되지 않고, '계
산가능하고, 통제가능한' 기계론적 대상으로 전이된다. 여기서 치료
란 당연히 세균이라는 외적 존재의 침입을 제거하는 국소적 처치에
집중하게 된다. 이상의 내용에 대해서는 조형근, 「식민지체제와 의료적 규율화」, 『근대주
체와 식민지 규율권력』, 문화과학사, 1997, 178~179쪽 참조

병은 그것이 분류되고 구별되는 한 객관적으로 존재한다. 예를 들면 의사가 그렇게 명명하는 한 그것은 병인 것이다. 본인이 의식하지 않는 경우라도 '객관적으로는' 병이며 본인이 고통스러워해도 병이 아닌 것으로 간주될 수 있다. 다시 말하면 병은 개인에게 나타나는 것과는 달리 어떤 분류표, 기호론적 체계에 의해 존재한다. 그것은 병자 개개인의 의식에서 동떨어진 곳에 있는 사회적 제도이다. …… 개개인의 병으로부터 독립적이고, 또 의사-환자의 관계로부터 독립적이며, 의무부여로부터 독립적인 것처럼 보이는 '객관적'인 병은 실은 근대의학의 지식체계에 의해 만들어진 것이다.

가라타니 고진, 「병이라는 의미」, 『일본 근대문학의 기원』, 박유하 옮김, 도서출판 b, 2010, 152쪽

일명 병인체론이라 불리는 이러한 공통관념은 19세기 후반 파스퇴르와 결핵균의 발견자 코흐Robert Koch에 의해 정립되었다. 1882년 코흐가 결핵균을 발견하고, 1921년 백신이 완성되어 결핵의 예방이 가능해지자, 이를 통해 결핵이 미생물에 의한 것이라는 입장이 확고해진 것이다. 이 이론은 히포크라테스의 오래된 전통을 일거에 무너뜨렸을 뿐 아니라, 인간과 미생물의 투쟁이라는 형이상학적 이미지를 만들어 냈다. 근대는 시각을 특권화한다. 어둠속에 있는 것들, 시각에 포착되지 않는 것들에 대해서는 한편 불안해하고, 한편 봉쇄하려는 경향이 두드러진다. 그래서 수단과 방법을 가리지 않고 뚜렷한 하나의 실체를 잡아내어 빛 가운데로 끌어내고자 하는 것이다. 병

의 원인을 미생물이라는 구체적 대상으로 규정하는 것 역시 그런 지향과 무관하지 않다.

그리고 병원체에 대한 관심은 청결과 위생에 대한 강박증으로 이어진다. 미생물과의 전쟁이 병의 예방 및 치료의 핵심이 되자, 자연히 깨끗한 물, 청결한 신체에 대한 관심을 증폭시켰던 것이다. 근대에 들어 청결과 위생이 문명의 기호가 된 데는 이처럼 병리학적 메커니즘이 작동하고 있었던바, 한국의 경우 그러한 체계가 단순하게, 압축적으로 이식·전파되었던 것이다.

> 서울 안에 있는 우물이란 것은 곧 사람 잡는 덫이라 우물에서 나는 물은 대개 개천물 거른 것이니 겨울에는 위태하기가 덜하거니와 날이 더워지면 그 물속에 각색 생물이 있는데 그 생물은 서양말로 박테리아가 괴질과 열병과 학질과 이질과 다른 속병들을 만드니 미생물을 제어하기는 정한 것이 제일이요 음식과 물은 끓이면 이 생물들이 죽을 터인즉 우물에서 온 물과 푸성귀를 기어이 끓이든지 삶든지 한 후에 먹으면 집안에 병이 없어지리라 …… 백성이 병이 없어야 나라가 강하여지고 사농공상이 흥할 터……

『독립신문』 1896년 5월 19일자 논설

박테리아, 미생물과의 전쟁이 시작한 것이다. 물을 끓여 먹으면 병이 없어지리라고 믿어 의심치 않게 된 것, 계량화가 잘 안 되고 가시적이지도 않은 우물이 뭔가 위험하고 불결한 장소로 인식되기 시작한 것 등은 다름 아닌 그 안에 있는 각종 미생물에 대한 공포를 뜻한다. 앞서 측간 개량을 시급한 정치적 이슈로 내세운 것도 마찬가지 맥락에 있다. '똥'의 악취가 질병을 유발하는 박테리아를 퍼뜨릴지도 모른다고 생각한 것이다. 서구에서도 모든 미생물을 박멸하여 '위생 유토피아'를 건설하겠다는 광신(!)이 20세기 전반까지도 굳건했음을 고려해 볼 때, 이제 막 계몽의 세례를 받기 시작한 한국의 경우, 이런 병리학체계는 불가항력의 힘을 발휘했음에 틀림없다. 위생법이 그토록 부조리하게 시행되었음에도 위생이라는 대전제 자체에 대한 저항은 어디서도 일어나지 않았다는 사실이 그 증거인 셈이다. 아울러 이렇게 되면서, 중세를 지배한 한의학이나 민간요법은 저급한 미신의 수준으로 전락하면서 공적인 치료의 장에서 사라지게 되고, 대신 근대의학이 질병에 대한 절대적 권위를 행사하게 되었다.

잘 알고 있듯이, 이런 병리학의 체계는 근본적으로 근대권력의 성격과 맞물려 있다. 푸코에 따르면, 19세기의 기본적인 현상 중의 하나는 소위 생명에 대한 권력의 관심이 대두된 것이라고 한다. 중세에는 신민의 삶과 죽음은 군주의 의지에 의해 효력이 발생하는 권리였는데, 이것은 항상 죽음의 편에서 불균형하게 행사될 수밖에 없다. 왜냐하면, 삶에 대한 군주권의 효력은 군주가 한 사람을 죽일 수 있을 때 가장 확실하게 드러나기 때문이다. 요컨대, 삶과 죽음의 권리란 결국 죽일 수 있는 권리에 다름 아닌 것이고, "그것은 살게 내버려 두거나 죽게 내버려 두는 권리가 아니라, 죽게 만들고 살게 내버려 두는 권리"미셸 푸코, 『"사회를 보호해야 한다"』, 박정자 옮김, 동문선, 1998, 278쪽이다.

이에 반해 19세기에 등장한 새로운 권력은 정반대의 권리, 즉 "살게 만들고 죽게 내버려 두는 권력이 되었"푸코, 『"사회를 보호해야 한다'』, 279쪽다. 그리고 이 권력기술이 적용되는 영역은 개인의 생명, 종으로서의 인간이었다. '생체정치학'이라 이름 붙일 만한 이 권력기술은 출생과 사망의 비율, 재생산의 비율, 인구의 생식력 등의 과정을 앎의 첫번째 대상으로 삼았다. 그렇게 되자, "더 이상 생명을 갑자기 덮치는 죽음(전염병)으로서가 아니라, 삶 속에 미끄러져 들어와 끈질기게 그것을 파먹고 점점 작게 만들어 마침내 그것을 약화시키는 그러한 점진적인 죽음으로서의 질병"푸코, 앞의 책, 282쪽을 다루게 되었고, 이것이 의료행위의 조정과 정보의 집중, 앎의 규격화와 함께 공중보건을 주임무로 하는 의학을 만들어 냈다는 것이다. 그럼으로써 이제 죽음은 권력의 바깥쪽으로 나오게 되었다. 권력이 장악하고 있는 것은 죽음이 아니라 '사망률'인 것. 과거에 죽음이 군주의 절대권을 떠들썩하게 과시하는 계기였다면, 이제 죽음은 한 개인이 권력에서 벗어나 자기 자신으로 떨어져 가장 사적인 존재로 웅크리고 있는 순간이 되었다. "권력은 더 이상 죽음을 모른다. 엄밀하게 말하면 권력은 죽음을 내팽개쳤다."푸코, 같은 책, 286쪽

김옥균이 「치도약론」에서 "지금 구미의 모든 나라에서는 호적의 법을 실시하여, 매년 호구를 조사하여 남녀의 죽고, 살고, 옮겨 가는 숫자를 명료하게 알고 있으니, 이것은 진실로 바꿀 수 없는 법이다. 이 법이 어지러우면 화폐를 만들고 병정을 뽑는 것도 또한 실시할 수가 없다"고 갈파한 것도 바로 이런 맥락이다. 질병을 통제함으로써

인구를 관리하는 것 ── 한국의 계몽주의자들이 병리학적 체계를 전면 수용한 까닭도 여기에 있었던 것이다.

건강한 신체, 건강한 국민!

인구관리의 목표는 건강한 신체를 가진 인구의 조직화이다. 그것만이 문명국으로 도약할 수 있는 수단이 되기 때문이다. 특히 국가라는 형식이 부재할 때, 유일하게 가동할 수 있는 에너지원은 인적 자원뿐이다.

> 무릇 사람이 덕과 지혜와 신체 세 가지에 한 가지라도 버리면 사람이라 하기 어렵고 나라가 그 한 가지라도 폐하면 나라라 일컫기 어려운 고로 이것을 교육상에 세 가지 요긴한 것이라 이르는 바라 …… 이 세 가지 교육 중에 만일 부득이한 일이 있을진대 차라리 덕과 지혜를 버리고 체육을 취할지로다 …… 대개 사람은 세계상에 제일 활동하는 물건으로 생존경쟁에 종사하는 자인즉 그 신체가 강장하여야 사업의 진취를 가히 도모할지로다 …… 학자 사회에서는 그 몸을 책상 밑에 속박하고 하등사회에서는 일절 위생을 알지 못하며 또 일반 여자들은 안방에 깊이 가두어 한 걸음도 문밖에 자유로 나가지 못하니 이러하고 체적의 강장함을 구하면 이는 뒷걸음하면서 앞으로 나아가려 함과 다름이 없도다 …… 오호라 구라파 바람과 일본 비가 머리를 치는 이 시대를 당하여 …… 목하에

이천만 중 한국 사람이 돌연히 한번 뛰어 개개히 문명한 나라에 건강한 민족으로 변하기는 이치 밖이라 바랄 수가 없거니와 우선 위생하는 신체교육에 관계되는 서책이나 몇 권씩 사두고 조석으로 보고 읽었으면……

『대한매일신보』 1908년 2월 11일자 논설 「덕육과 지육과 체육 중에 체육이 최긴함」

요컨대, 건강한 신체들이 모여 건강한 민족을 이루는 것이고, 그를 위해서는 위생과 체육이 절대 필요하다는 것이다. '건강한 신체', '건전한 정신', 이것이야말로 전 구성원을 근대적 국민으로 재탄생시키기 위한 계몽주의자들의 모토였다. 각 학교마다 '운동회' 붐이 조성되고, 체조가 국가적 종목으로 부상된 것 역시 같은 연장선상에 있다. 이승원, 「20세기 초 위생담론과 근대적 신체의 탄생」, 『문학과 경계』 창간호, 2001, 310쪽

(일) 무쇠골격 돌근육 소년 남자야 / 애국의 정신을 분발하여라 / 다다랐네 다다랐네 우리나라의 소년의 활동시대 다다랐네 (후렴) 만인대적 연습하여 후일전공 세우세 절세영웅 대사업이 우리 목적 아닌가

(이) 신체를 발육하는 동시에 / 경쟁심 주의력 양성하려고 / 공기 좋고 구역 넓은 연기장으로 활발발 나는 듯이 나아가네

(삼) 충렬사의 더운 피 순환 잘 되고 / 독립군의 팔다리 민활하도다 / 벽력과 부월이 당전하여도 우리는 조금도 두렴 없네

(사) 돌리고 빼어 쥐는 백륜적기는 / 신속함이 흑운심처 번갯불 같

고 / 보내고 받아 차는 수구축국은 분함이 백일청천 소낙비로다

(오)해전과 육전의 모든 유희를 / 차례로 흥미있게 승부 결하니 /

개선문 뚜렷이 열리는 곳에 승전고 울려라 둥둥둥 우는 한인야구

단용창가

『대한매일신보』 1909년 7월 24일

계몽주의자들에게는 '무쇠골격, 돌근육, 더운 피, 민활한 팔다리' 등 마치 '철인 28호'를 연상시키는 튼튼한 신체야말로 이상적인 국민의 형상이었다. 왜냐하면 그러한 신체는 동시에 애국정신, 경쟁심, 충렬사의 더운 피 등으로 무장할 수 있음을 의미하기 때문이다. 한마디로 건강한 신체와 애국적 열정은 분리불가능한 '통일체'인 것이다. 인종과 혈통에 대한 과도한 집착도 이 점과 깊이 연관되어 있다.

그리고 무엇보다 중요한 것은 이런 유형의 신체는 어디까지나 병리학적 체계의 산물이라는 사실이다. 즉, 계몽기가 추구하는 건강한 신체란 원시적이고 야만적인 힘의 소지자가 아니다. 질서정연한 몸가짐과 청결한 생활습관을 지닌, 정말 말 그대로 건전한 국민이어야 한다. 체조와 운동회 등이 잘 보여 주듯, '절도 있고, 고도로 분절화된 신체의 움직임을 끊임없이' 학습함으로써 탄생한 건강한 신체! 더나아가 위생적인 삶의 규율화를 통해 "국민의 혈관을 수세미질하고 얼굴을 대패질해서 번듯한 인물"『대한매일신보』 1910년 3월 29일자, 이른바 서구인과 동일한 '문명화된 신체'! 근대적 신체에 대한 표상은 바로 이런 것이었다.

그런데 당연한 것이지만, 이런 식의 표상은 다양한 층위에서 국민 내부의 위계화를 불러온다. 일단 이 기준에서 '여성'은 열등한 처지로 떨어질 수밖에 없다. 아무리 노력하더라도 여성이 '철인 28호'처럼 될 수는 없는 것 아닌가. 그렇기 때문에 여성은 '건강한 신체, 열렬한 애국심'으로 충만한 남성을 낳고 기르는 어머니로서의 자리, 곧 간접적인 방식으로만 민족의 대열에 진입할 수 있다. 여성뿐 아니라, 다른 유형의 소수자들 역시 모두 마찬가지이다. 부랑자, 고아, 동성애자, 매춘부, 광인, 외국인 등 이 동일화의 장을 벗어나는 모든 개체들은 쓸모없고, 위험하며, 악한 존재들로 규정되기에 이른다.

결국 위생학은 건강과 질병의 대립으로 시작하여, 정상과 비정상의 분할까지 포괄함으로써 불결함과 질병을 도덕적 타락과 연관 짓는 표상의 연쇄들을 만들어 낸다. 예컨대 근친상간, 동성애, 매매춘 등은 불결한 환경의 문제와 곧바로 직결되고, 결핵과 매독에 대한 공포는 기독교적 죄의식과 성적 억압의 장치와 견고하게 결속된다. 여성의 방탕, 아니 더 나아가 성 그 자체를 국가가 통치해야 한다고 하는 의식이 대두한 것도 성적 방탕이 나쁜 유전인자를 만들어 비정상적인 후손을 갖게 될 것이라고 간주했기 때문이다. 질병은 그릇된 생활의 결과이고, 그러므로 '악'이다. 따라서 악을 제거하기 위해서는 의학적 치료뿐 아니라 생활 하나하나를 건전하게 영위해야 한다. 한마디로 영혼을 정화하는 것이 절대적으로 필요한 것이다. 영혼을 순결하게 정화하는 임무를 떠맡은 곳이 다름 아닌 교회다.

2. 기독교의 병리학적 구조

기독교, 문명, 인간주의

계몽의 담론에서 기독교는 여러 종교 가운데 하나가 아니다. 그것은 근대성 전반을 가로지르며 모든 지층에 깊은 흔적과 영향력을 행사하는 인식론적 중추의 역할을 수행한다. 그런 점에서 이것은 이미 18세기부터 조선에 들어와 있던 천주교와도 층위를 달리한다. 그 시점에서의 천주교는 서구적인 것을 표상하기는 했으되, 어설프기 짝이 없는 소박한 교리의 하나였을 뿐이다(연암 박지원의 『열하일기』를 보면 당시 지식인들이 천주교를 어떻게 받아들였는지를 잘 알 수 있다. 이에 대해서는 고미숙, 『두개의 별 두개의 지도: 다산과 연암 라이벌 평전 1탄』, 북드라망, 2013 참조).

그러나 근대계몽기에 재등장한 기독교는 이제 서구문명의 화려하고도 경이로운 위광을 등에 업고 있는, 말 그대로 '문명의 빛'으로 다가왔다. 문명의 위대함, 그것이 단지 대포나 기계가 아닌 그 배후에서 모든 것을 관장하는 신의 섭리의 표현으로 인지될 때 기독교는 가장 진보된, 신과 가장 근접한 고차원적 종교로 솟아오른다. 그래야만 이른바 과학, 이성, 합리주의 등 근대성의 공리들과 공존할 수 있는 까닭이다. 다른 한편, 그것은 기존의 동양철학이나 무속, 풍수지리 등을 미신적인 것, 미개한 것으로 인식하도록 강제하는 위계화를 작동시킴은 말할 것도 없다.

물론 이런 식의 상승과 하강이 형이상학적 논변을 거치면서 이루어지는 건 아니다. 그것은 이미 압도적인 문명의 위광으로 주어진 것이기 때문에 아이러니하게도 아주 '비합리적'으로, '이성에 반反하'는 도약을 통해 수락된다.

지금은 대한에도 예수 그리스도를 믿는 동포가 많이 있으니 믿는 형제자매를 대하여서는 우리가 그 교를 가지고 더 말치 아니하여도 아시는 바이어니와 우리가 특별히 믿지 않는 동포들을 위하여 예수교가 나라 문명 부강과 독립자주의 근본이 되는 줄을 깨닫게 하노라
대저 예수교의 본의인즉 인생이 이 악한 세상에 살 동안에 육신이 지은 죄를 예수의 용서함을 얻어 영혼이 지옥을 면하고 천당에 가서 영원한 복을 받자는 뜻이니 신구약과 교중 여러 가지 책을 많이 보면 짐작이 있으려니와 우리는 다만 이 교가 육신의 관계되는 것만 말하노라······
성경을 놓고 이런 일을 궁구하여 보면 태서 제국에 오늘날 문명개화라 자주독립이라 하는 것이 다 이 교 속에서 나온 말이요 법률과 학문이 거반 다 이 책에서 나온 것이기로 사람마다 편리하고 공평하다 하여 지금 세상에 통행하는 것이라 물론 어떤 사람이든지 실상으로 믿기를 하늘에 지극히 옳으신 한 대주재께서 필경 잘못하는 자는 벌을 주고 잘하는 자는 상을 줄 터인데 내가 무슨 마음을 먹든지 무슨 일을 하든지 그 주재가 먼저 아는 줄로 생각할 것 같으면 그 사람이 나라에 벼슬할 적에 임군을 속여 충신노릇을 하련다

든지 백성을 사오나이 대접하여 남의 피를 긁어다가 제 몸을 살찌우려는 생각을 낼 이치가 없고 백성이 되어 악하고 음란한 행실이며 거짓말과 그른 일을 하여 죄를 범할 묘리가 있으리오

그러므로 사람마다 예수교만 실노히 믿을 지경이면 군신과 부자와 부부와 장유와 붕우 사이에 의리와 정의가 있어 일국의 태화세계가 될 터이니 우리나라 동포들은 힘써 예배당을 찾아가서 전도하는 말도 자세히 듣고 성경도 많이 보아 모두 진정으로 믿는 교우들이 되어서 나라를 영미국과 같이 문명부강케 만들기를 우리는 진실로 바라노라

『매일신문』 1898년 5월 28일자 논설

이 자료가 단적으로 보여 주듯이, 기독교는 문명개화와 독립자주의 근본이 된다. 논거는? 세계상 문명국들이 모두 이 종교를 믿기 때문이다. 이런 든든한 백그라운드에 힘입어 기독교의 주요 교리들——지옥천당설 및 인류의 아버지인 대주재가 모든 것을 주관하시기 때문에 인류가 저절로 지켜질 것이라는 것 등——이 아무 무리 없이 전폭 수용되고 있다. 그만큼 계몽담론은 기독교적 표상체계를 받아들일 만반의 준비를 갖추고 있었던 것이다. 그러니 논리적 정교함 혹은 교리적 심오함 따위는 전혀 문제될 것이 없다.

그리하여 이제 오랫동안 서구를 다스렸던 '창조주'가 이제 낯선 동양의 한 국가에서 빛나는 광휘를 발하기 시작했다. 그것은 닿는 곳마다 저항할 수 없는 강렬한 흔적들을 새겨 넣었다. 먼저 가장 근본적인 사항이 바로 '인간주의'라는 새로운 표상이다.

하느님이 사람을 만들 때에 만물 중에 영혼과 신기한 의리를 주어
귀한 물건이 되게 하여 마음은 인의와 신과 지혜와 경계를 두고 쓰
는 기계로 주셨건마는 그 기계에 안개처럼 덮힌 물건이 있는데 그
물건인즉 욕심이라……

『독립신문』 1898년 11월 25일자, 유진률 씨의 편지

대저 우리들이 거주하여 사는 이 세상은 당초부터 있던 것이 아니
라. 지극히 거룩하시고 지극히 전능하신 하나님께서 조화로 만든 것이
라. 세계만물을 창조하신 조화주를 곧 하나님이라 하나니, 일만 이
치의 주인되시는 하나님께서 세계를 만드시고 또 만물을 만들어
각색 물건이 생기게 하셨으니, 이같이 만드신 목적은 그 영광을 나
타내어 모든 생물로 하여금 인자한 은덕을 베풀어 영원한 행복을
받게 하려 함이라.

안국선, 「금수회의록」

'하늘이 만물을 낸다'는 식의 표현은 근대 이전에도 상투적으로
쓰였지만, 이제는 그 하늘이 구체적으로 기독교적 인격신인 하느님,
창조주로 전이되고 있다. 물론 계몽담론에서도 하늘, 상제, 하느님은
서로 혼재해서 쓰이는 일이 적지 않지만, 그 내포가 창조주와 오버랩
되는 현상이 완연하다. 계몽담론의 대표적인 텍스트 「서호문답」西湖問
答의 경우가 그러한데, "하늘이 사람을 세상에 내시매 만물 중에 가장
신령케 하심이 어찌 범연한 뜻이리오"라는 전제하에 기독교적 민족

주의를 표방하는바, 이때 하늘이 전통적 의미의 '천'天이 아니라 창조주 여호와인 것은 의심할 나위가 없다.

이렇게 창조의 과정이 신비화되면, 인간은 한없이 고결화되는 한편, 고결하지 못한 경우 인간의 범위에서 배제되는 결과가 초래된다. 예컨대, "구약 「창세기」에 기록하였으되 인류는 조물주 즉 진신眞神의 손으로 조성한 자니 생시부터 정의正義·직실直實의 덕성을 구비하고 박대博大한 지력과 고결한 감정을 품유稟有하였는데"『태극학보』16호라는 데서 단적으로 드러나듯, 이제 거꾸로 이런 자만이 인간의 범주에 들게 된다. 즉, 정의로운 덕성, 넓은 지력, 고결한 감정 등 한마디로 드높은 이성을 소유한 자만이 인간다운 인간이 될 수 있는 것이다.

이 인간의 표준이 되는 것이 문명의 세례를 받은 건강한 백인남성임은 말할 필요도 없다. 이 규정은 거꾸로 인간은 더할 나위 없이 존엄한 존재라는 명제를 만들어 내고, 또 그것은 신의 존재를 증명하는 결정적인 토대가 되기도 한다. 이를테면, 이런 식이다. 어떻게 이토록 고귀하고 신비로운 존재가 우연히 발생할 수 있겠는가? 그러니 분명 어떤 완전한 존재가 창조했음이 틀림없다. 그 반대도 가능하다. 인간은 신의 창조물이다. 그러니 얼마나 고귀한가? 등으로. 이것은 전형적인 부정적 방식의 증명법이자 출구 없는 순환논법이다. 어쨌든 인간은 신에게 복속함으로써 '주체'를 획득하게 되었다. "기독교가 초래한 것은 '주인'임을 포기함으로써 '주인'(주체)으로 남아 있도록 하는 정신적 역전이다. 그들은 주인임을 포기하고 신에게 완전히 복종함으로써 '주체'subject를 획득한 것이다."가라타니 고진, 「고백이라는

　이런 인간주의적 논리는 인간을 특권화함으로써 인식주체와 대상을 날카롭게 분절하는 주객이분법을 만들어 낸다. 이제 인간은 자연과의 조화로운 공존을 모색하는 존재가 더 이상 아니다. 천지만물을 지배하고 땅을 정복하는 주체로서 우뚝 서게 된 것이다. 자연은 이제 분석, 통제, 계산의 대상이 되었다. 역사가 인간의 창조적 행위라는 '단수화된 시간'으로 수렴된 것도 같은 맥락 위에 있다. 인간의 특권화는 이처럼 그 내부에 여러 가지 위계들을 만들어 내면서 주체를 생산하게 된다. 그리고 바로 이 과정이 병리학과 기독교가 만나는 접점이기도 하다.

병은 악마, 의사는 사제?

　기독교는 병을 필요로 한다. 그리스 정신이 건강의 과잉을 필요로 하는 것과 마찬가지로 병 상태로 만드는 것이 교회의 모든 구원 조직의 본래 저의이다.

　니체가『반그리스도』에서 위와 같이 밝힌 언술은 병리학과 기독교의 은밀한 관계를 신랄하게 꼬집고 있다. 병원이 병을 필요로 하듯이, 기독교 역시 정신의 질병을 필요로 한다. 이 둘은 겉보기에는 각각 신체와 영혼을 분담하고 있는 듯이 보이지만, 실제로는 하나로 포개져 있다. 왜냐하면 그것이 구체적으로 힘을 행사하는 거처는 신체,

곧 '영혼과 육신'으로 이루어진 개별구성원들이기 때문이다. 그래서 이 '오버랩'된 두 체계는 서로 뒤섞여 병리학은 신학적 이데올로기를, 기독교는 병리학적 체계를 갖추게 되는 것이다.

가라타니 고진에 따르면, "병과 싸운다"는 것은 병이 마치 작용하는 주체로 존재하는 것처럼 간주하는 말투이며, "병을 고친다"는 표현 역시 고치는 주체(의사)를 실체화한다.가라타니 고진, 「병이라는 의미」, 『일본 근대문학의 기원』, 154쪽 결국 서구적 의료에 존재하는 기본틀은 전부 다 온통 신학적이라는 것이 그의 논지이다. 또 푸코에 따르면, 1776년 정부가 왕립의학협회를 설립함으로써 의학의 중앙집권화가 시작된다. 그럼으로써 두 개의 신화가 형성되는데, 하나는 국가화된 의료로서 의사는 일종의 성직자의 지위에 오르게 된 것이고, 또 하나는 건전한 사회를 건설하면 병이라는 것은 모두 없어지리라는 사고 방식의 출현이다.미셸 푸코, 『임상의학의 탄생』, 홍성민 옮김, 인간사랑, 1993, 2장을 참조

그렇게 됨으로써 근대 의료체계에서 의사는 중세의 사제의 역할까지 떠맡게 되었다. ── '사목권력'의 탄생! 건강한 신체는 건강한 정신, 절제 있는 생활 속에서만 가능하다. 따라서 일상의 세부와 내면의 깊은 곳까지 일일이 체크되어야 한다. 병리학이 도덕적 규율까지를 포괄하는 것도 그 때문이다.

게으름과 성적 타락이 병 중의 가장 말질로 규정되는 것이야말로 병리학과 사목권력의 견고한 결합을 잘 보여 준다. 서구에서 농민을 도시 노동자로 전환하기 위해 게으름을 악덕 중의 악덕으로 규정하고, 부랑자를 얼마나 가혹하게 다루었는가를 환기해 보라.미셸 푸코,

『광기의 역사』, 이규현 옮김, 나남, 2003, 2장 참조 성적 방탕에 대한 혐오는 더 말할 나위가 없다. 19세기 서양의학에서 성을 억압하기 위해 행한 숱한 시도들 역시 성적 방탕이 노동력의 상실을 불러올 것이라는 위험과 함께 욕망의 흐름을 영토화하려는 검열장치였다. 한국의 계몽주의자들 역시 방탕에 대한 잔혹한 징벌, 매음녀에 대한 경고를 지대한 과제로서 설정하고 있다. 그렇듯 질병과 불결은 이제 정신적, 도덕적 가치와 긴밀하게 결합되어 제시된다.

> ①한 날은 백두산령이 동해용신을 청하여 모여서 한 가지 문제를
> 제출하되 귀 관하에 오예물이 많이 쌓여 내 지방에 위생까지 방해
> 됨이 불소하니 청결법을 신속히 실시하라 하였는데
> 헛문서를 꾸며들고 남의 권리 늑탈하는 저 오예물
> 두호한다 칭탁하고 온통으로 삼키려는 저 오예물
> 남의 물건 욕심 내어 경계 없이 탈취하는 저 오예물
> 아래웃통 벌거벗고 가즘^{개짐} 차고 왕래하는 저 오예물
> 사촌끼리 혼인하고 형수하고 같이 사는 저 오예물
> 양소매는 팔낭팔낭 나무신은 딸각딸각 저 오예물
> 권고이니 동의이니 운동비만 토식하는 저 오예물
> 외면에는 좋은 체 하나 중심으로 함독하는 저 오예물
> 남자 보면 손목 잡고 억륵으로 매음하는 저 오예물
> 문명하다 자칭하나 행사에는 야만되는 저 오예물
> 동종인류 압제하여 노예같이 대접하는 저 오예물

무죄양민 얽어 놓고 잡아다가 악형하는 저 오예물

토지가옥 전당잡고 별리 위에 별리 받는 저 오예물

고용한다 칭탁하고 월급려비 탐식하는 저 오예물

각 지방에 횡행하며 남의 부녀 겁간하는 저 오예물

상점물품 자랑하고 억륵으로 방매하는 저 오예물

인천항에 군함 대고 가득가득 실어다가 태평양 넓은 바다에 풍덩

실풍덩실

『대한매일신보』 1908년 1월 8일자 시사평론

② 유행병 예방약 특별대광고

본포에서 유행병을 예방하기 위하여 다년 경험으로 정의벽사단을

제조하여 특별 염가로 대발매하오니 전국 내 동포들은 급속히 왕

림하여 이 약을 사시오

(효험) 부귀열에 발광 나서 국가를 팔아 먹는 증세

외인에게 아첨하여 제 민족을 잔학하는 증세

마귀를 신앙하여 국조를 능멸하는 증세

동록 냄새에 미쳐서 형제를 무함하는 증세

찬성열이 탱중하여 마귀 굴혈을 조직하는 증세

관광열이 팽창하여 외인만 숭배하는 증세

돌팔매에 두골 터진 증세

평지낙상에 벌 맞은 증세

밑살 빠진 증세

눈깔 퉁퉁 부은 증세

각색 못된 증세에 무불신효함

이 약을 장복하시면 이왕 병든 자는 쾌차할 터이요 병들지 아니한

자는 그 못된 병에 걸릴 염려가 없사오니 이천만 형제자매는 유병

무병을 물론하고 일제히 사다 잡수시오 정의벽사단을

『대한매일신보』 1910년 4월 16일자 시사평론

①은 일본인의 비인간적인 풍속과 침탈 행위를 오예물로, ②는 외세에 부합하는 민족 내부의 반민족적인 행위를 유행병에 각각 비유하고 있다. 그러니까 부도덕한 행위나 습속은 '더러운 짓'이 되고, 민족에 해가 되는 행위들은 유행병에 해당된다. 그러므로 위생법에 따라 '더러운 인간'들은 태평양 바다 깊숙이 던져 버려야 하고, 유행병에 걸린 자들은 병에 감염될 염려가 있는 이천만 형제 자매들과 함께 정의벽사단을 사먹어야 한다. 위생담론과 병리학적 체계가 사회적 현상과 정신적 가치를 망라하는 수사학적 영향력을 발휘하고 있는 것이다. 이런 식의 언료적 배치가 일반화되면, 불결은 제거되어야 할 것, 질병은 사회를 좀먹는 악마로 각인된다. 즉, "마치 병을 만들어 내는 것은 악이며, 치료는 그 악을 제거하는 것"가라타니 고진, 「병이라는 의미」, 『일본 근대문학의 기원』, 153쪽이라는 신학적 사유가 병리학에 그대로 포개지는 것이다.

'사회생물학'적 메타포들

사회 전체로 확산된 청결/불결, 건강/질병이라는 이 대쌍은 이제 자체 증식하여 시대를 진단하는 수사학적 장치의 중심을 차지하게 된다. 이런 은유 체계는 사회 전체 혹은 민족 전체를 하나의 집합적 생명으로 파악한다는 점에서 사회생물학에 기반하고 있다.

> 파괴라 하는 것은 저것을 파괴하여 이것을 보전하려 함이니 이것은 무엇이뇨 하면 국가가 이것이요 동포가 이것이며 저것은 무엇이뇨 하면 국가의 병든 것이 저것이요 동포의 고통한 것이 저것이니, 국가에 병이 있고 동포가 고통이 있으면 국가를 보존키 어렵고 동포가 생존키 어려울지라 그런고로 그 병들고 고통함에 원인이 풍한서습이든지 종기든지 물론하고 깊이 연구하여 적당한 약을 쓰고 이利한 침으로 파종을 하여야 그 병이 없어지고 그 기운이 소생하리니(미완)

『대한매일신보』 1908년 2월 15일자 논설 「파괴를 주장하는 자의 오해」

> 만일 인순고식因循姑息으로 목전에만 지내려다가는 병 많은 마경이 일어날 기한이 없을지라 그런고로 파괴할 자를 기다리며 파괴하는 자를 옳다고 할 수밖에 없으니 그러나 다만 병근은 궁구치 아니하고 방문만 헛되이 시험하여 오장을 썩게 하며 맥락을 틀리게 하면 도리어 그 죽음을 재촉할 뿐이니 그런즉 파괴를 주장하는 자 가히

파괴할 만한 자를 파괴치 아니함도 옳지 아니하고 가히 파괴치 못할 만한 것을 파괴함은 더욱 불가한지라 …… 신병의 파괴를 시험코자 할진대 원기를 상하지 말 것이요 나랏병의 파괴를 행코자 할진대 나라정신을 보전할 것이니 나라 정신은 무엇이뇨 자기 나라의 역대를 존숭하며 자기 나라의 영웅을 공경하여 자기 나라의 정신을 발달케 함이라

『대한매일신보』 1908년 2월 16일자 논설 「파괴를 주장하는 자의 오해(속)」

국가에 병이 있고, 동포가 고통이 있으면 국가를 보존키 어렵고 동포가 생존하기 어렵다. 그러므로 병근病根을 궁구하여 치유하지 않으면 죽음을 재촉할 따름이다. 민족적 위기를 선전하는 것으로 이보다 더 적절한 메타포가 있을까? 민족주의의 심층을 이루는 유기체론은 이처럼 병리학적 체계에 젖줄이 닿아 있다.

유기체론은 한편으론 유기적인 것과 무기적인 것 사이의 위대한 이분법을 작동시키고, 다른 한편 한 생명 내에서 생명을 파괴하고 사멸시키는 요소로서 뒤섞여 있는, 생명과 죽음의 근본적인 대립을 상정한다. 그러므로 이런 담론적 배치에 있어 유기체를 위협하는 것은 모조리 질병, 즉 반생명적인 것으로 규정된다.

근대의 사상들은 대부분의 은유를 과학으로부터 빌려 온다. 예를 들면, 자유주의는 수학과 운동학으로부터, 마르크스주의는 역학과 화학으로부터. 올리비에 르불, 『언어와 이데올로기』, 홍재성·권오룡 옮김, 역사비평사, 1994, 51~52쪽 과학은 이 은유들에 객관성과 자명성의 외관을 입혀

준다. 민족주의 역시 마찬가지이다. 생물학 및 병리학의 은유를 적극 활용함으로써 한편으론 개개인을 민족이라는 전체 유기체의 일부로 규정하는 강력한 호명체계를 가동시킴과 더불어, 이 유기체가 병이 들면 종으로서의 개체의 생명도 위협받는다는 위기감을 전파하는 효과를 일으킨다. 질병의 종류들은 앞의 15일자 논설처럼 사회 각 부문의 문제들일 수도 있고, 뒤의 16일자 논설처럼 구체적인 개인들이 될 수도 있다.

이런 식으로 병리학적 은유는 수많은 방향으로 증식 가능하다. 예컨대, 1918년경 루쉰魯迅은 중국의 지적 상태를 매독에 비유한 적이 있다. 센다이仙臺 전문의학교에서 의학을 공부했고 중국에 돌아와 사오싱紹興에서 생리과목을 가르친 그로서는 지극히 자연스러운 어법인 셈이다. 또 이광수 역시 「문사와 수양」이라는 글에서 문단의 퇴폐적인 분위기를 결핵균과 매독균에 비유하고 있다. 20세기 초만 해도 결핵과 매독은 여러 가지 측면에서 가장 상징적인 병이었던 것이다. 우리 시대의 암이 그러하듯. 루쉰이나 이광수뿐 아니라 타락한 정신이나 세태를 썩어 빠진 혈관에 비유하고 그것을 말끔히 청소해야 한다는 식의 병리학적 메타포는 근대 이후 매우 일반적인 수사학이 되었다.

그리고 그것은 언제나 신학적 알레고리와 맞물려 있다. 충치를 악마로 형상한다든가, 병에 걸리면 죄의식을 먼저 떠올린다거나 그 이전에 질병을 적대시하는 것 등은 모두 기독교적 사유체계에서 비롯된 것이다. 마찬가지 맥락에서 계몽주의자들 역시 국가의 신체 곳곳을 조명하면서 '숨겨져 있지만 현존하는' 병적 징후들을 찾아내 명쾌하게 진단하는, 일종의 의사였던 것이다. 그리고 그 의사는 단지 신체만이 아니라 영혼까지도 치유할 수 있다고 믿는, 아니 그런 능력을 부여받은 주체라는 점에서 사제이기도 했다.

병인, 치유의 주체, 치유의 방도 이 모든 것을 자명하다고 여기는 것, 이것이 병리학과 기독교의 견고한 결속을 통해 제시한 '사회생물학적' 프로젝트였다. 이것은 그 공격적 에너지와 투명성으로 하여 제국주의와 전투적으로 싸울 수 있는 무기로 기능하기도 했지만, 다른 한편 인종을 불순하게 하는 모든 '병인'들을 계속 배제해야 하는 인종주의의 폐쇄회로에 갇힐 수밖에 없는 딜레마를 안고 있는 것이기도 했다.

3. 맺으며 ― <간장 선생>에 대한 단상

<나라야마 부시코>로 유명한 이마무라 쇼헤이今村昌平 감독의 영화 가운데 <간장 선생>이라는 작품이 있다. 대동아전쟁 기간 일본의 한 소읍을 배경으로 '환자를 위해서라면 죽을 때까지 달린다'는 것을 좌우명으로 삼고 있는 한 의사가 주인공이다. 이 사람은 환자의 대부분을 '간염'으로 진단하는 바람에 '간장 선생'이라는 별명이 붙게 되었다. '간염'이라는 신종의 질병이 막 뜨기 시작한 게 아마 이즈음이었던가 보다. 그런데, 이 영화의 초점은 간염이라는 병이 무조건 많

이 먹고 쉬어야 한다는 사실에 있다. 전시 체제라 할머니들까지도 전쟁 훈련에 동원되고, 먹을 것이 절대적으로 부족한 시기에 많이 먹고 푹 쉬어야 낫는다니. 군관료들의 입장에서 보면, 한마디로 간염은 '반국가적', '반체제적' 질병인 셈이다. 이런 식으로 시대와 질병이 관계 맺는 매우 독특한 양상이 줄거리에 스릴과 서스펜스를 부여해 준다. '간장 선생' 주변에 파계승, 매춘부, 요정마담, 알코올중독자 등 무용지물들인 '타자'들이 모여들고, 이들에 의해 탈출한 전쟁포로를 숨겨 주고 상처를 치료해 주는 엄청난 범죄(?)가 자행되는 것도 이 간염이 지닌 바 독특한 사회적 배치와 무관하지 않다.

주인공인 '간장 선생' 역시 계속 간염을 유발하는 세균을 찾아내기 위해 각고의 노력을 하지만, 영화의 후반부가 잘 보여 주듯이, 중요한 건 세균이 아니다. 세균을 찾아내면 병을 퇴치하는 데 좀더 효과적인 치료법이 나오기는 하겠으나, 결국은 잘 먹고 푹 쉬는 것보다 나은 치료법이 달리 뭐가 있겠는가. 세균을 찾아내 마침내 간염과의 전쟁을 승리로 이끄는 식의 이원적 구도가 아니라, 질병의 치료가 환자를 둘러싼 사회적 조건의 변화와 맞물려 있다는 사실을 보여 준다는 점에 이 영화의 미덕이 있다. 영화 속 '간장 선생'은 근대적 의료 체계를 충실히 수학했지만, 환자와 더불어 살고, 환자가 속한 사회적 관계의 변화에 계속 관여한다는 점에서 병의 원인을 단지 병인체에서 찾고, 그것을 악으로 규정하는 근대 병리학의 신학적 틀에서 벗어나 있다.

흥미로운 것은 영화 속에서 간염이 계속 하나의 메타포로 활용되고 있다는 점이다. 연합군 포로가 자신을 고문하는 일본군을 욕할 때 '간염 같은 놈'이라고 한다든지 마지막에 '간장 선생'이 히로시마에 투하된 원폭의 버섯구름을 무지하게 비대해진 간덩어리로 상상하는 것 등. 이처럼 질병은 언제나 사회와 일상 속으로 들어와 새로운 언표 및 표상체계를 만들어 내는 것이다. 지금 우리가 '암'이나 '에이즈'를 다양한 방식으로 활용하고 있는 것처럼.

20세기 초 계몽의 담론에서도 마찬가지였다. 병리학이 도래하면서 병은 전혀 다른 양상으로 발견되었고, 병에 관한 새로운 규정은 사회 전체에 두루 삼투하여 새로운 표상들을 만들어 냈다. 그것은 특히 기독교와 긴밀히 결합되면서 '근대적 신체'를 탄생시키는 데 결정적인 역할을 수행했다. 근대인은 병리학과 기독교적 틀 안에서 자신의 몸과 정신을 정립하고, 행동하고, 재생산한다. 요람에서 무덤까지! 내가 유년기에 목욕탕으로 원정을 가고, 병원을 경이에 찬 시선으로 바라보고, 교회에 가서 영혼의 정화를 시도했던 것도 그러한 '장' 위에서 펼쳐진 것이었으리라.

* * *

여담이지만, 인류의 역사에서 질병이 사라지는 시대는 결코 오지 않을 것이다. 과학이 발전하면 할수록 미생물 혹은 세균 역시 함께 진화하기 때문에 이 눈부신 첨단과학의 시대라는 21세기에도 인간은 여전히 헤아릴 수 없이 많은 정체불명의 전염병에 노출되어 있다. 그럼에도 근대과학은 '위생 유토피아'에 대한 믿음을 유포시켰고, 20세기 들어 수많은 질병이 1차 세계대전 때보다도 더 많은 인명을 앗아갔음에도 불구하고 그 환상을 떨치지 못하고 있다.

따지고 보면, 지금 우리에게 필요한 것은 모든 질병을 박멸하는 유토피아적 염원이 아니라, '질병과 공존하는 삶'이라는 새로운 관계의 모색이 아닐지. 다음 언술은 그런 점에서 귀기울여 들을 만하다.

> 새로운 질병들은 하늘에서 떨어지거나 어떤 신비한 블랙박스에서 튀어나오지 않았다. 기생寄生과 질병은 자연스러운 것이며, 사실 어떤 면에서는 삶의 일부로서 필요한 것이다. 그것들은 태초의 가장 단순한 유기체로부터 인간에 이르기까지 모든 존재에 근본적인 것이다. 아노 카렌, 『전염병의 문화사』, 권복규 옮김, 사이언스북스, 2001, 25~27쪽

그래서 이 책의 저자는 진정 필요한 것은 미생물들과의 '상호적응의 무도회'를 펼치는 것이라고 말한다. 그러기 위해선 미생물을 적으로, 세균을 악마로 설정하고, 의사와 환자를 날카롭게 격리하는 신학적 이분법을 벗어나야 할 터이다. 그리고 그러한 병리학적·기독교적 사유체계에서 자유로워질 때, 우리는 전혀 다른 신체, 아주 새로운 주체를 구성할 수 있을 것이다. 이원론적 대립에서 벗어나 이질적인 것들을 더 풍부하게 수용하는 신체, 그리고 환경과의 능동적 접속이 가능한 신체, 언제든 '다른 것'으로 변이할 수 있는 신체를. 정상과 비정상, 도덕과 부도덕을 날카롭게 구획하는 근대적 동일성의 지반

을 넘어 성적·종족적·계급적 소수자들이 자유롭게 접속하고 변이할
수 있는 가능성도 그때 비로소 열릴 것이다.

2장

몸 : 병리학적 테제1—거리를 유지하라

"지인至人은 병이 나기 전에 다스리고 이미 이룩된 뒤에 약을
쓰지 않는 법이니, 병이 난 뒤에 다스림은 가장 하책下策이다.
게다가 용렬한 의원에게 맡긴다면 어찌 낫기를 바라리오."
— 연암 박지원, 「구외이문」口外異聞

"그러기에 의학적 시선은 이제 더 이상 대상의 편집자가
아니라, 개인에 관한 지식을 만들어 내는 창조자의 자리에
올라서게 된 것이다. 이곳이 의학적 시선이 인간에 대한
합리적인 언어를 조직할 수 있는 장소이다."
— 미셸 푸코, 『임상의학의 탄생』

물음 1 대학 1학년 말 무렵부터 30대 중반까지 장장 15년에 걸쳐 알레르기성 비염을 앓았다. 환절기만 되면, 맑은 콧물이 쉬지 않고 흐르고, 심하면 재채기에 눈물까지 겹친다. 처음엔 그저 만성 감기의 일종이려니 했다. 그런데 나이를 먹을수록 심해질 뿐 아니라, 증상이 일어나는 간격도 점점 짧아졌다. 통증도 통증이려니와, 더욱 심각한 사실은 이 병의 증상이 사교활동에 치명적이라는 것이었다. 일단 발병을 하면 스타일이 완전 '망가지기' 때문이다. 콧물은 줄줄 흐르지, 재채기는 쉬지 않고 나오지, 거기다 눈은 벌게지지. 생각만 해도 끔찍하다. 치료책이라곤 '항히스타민제'인 세라스타민을 복용하는 것뿐. 모든 감기약이 그렇듯, 이 약은 먹자마자 증상이 완화되기는 하지만, 그와 동시에 몸이 '흐물흐물해지는' 일종의 신경안정제에 불과하다.

설상가상으로 나의 20대 후반은 1980년대 후반이기도 했다. 알다시피, 그때는 '최루탄으로 시작해서 최루탄으로 끝나던' 시절이라 환절기고 뭐고 아예 사시사철 콧물, 눈물에 재채기로 보내게 되었다. 이념은 실로 '견결했건만' 가두시위에서 단 한 번도 폼나게 구호를 외쳐 보지 못했던 것도 다 그 '넘'의 비염 때문이었다. 시대가 병을 낳는다고, 처음 발병했을 땐 희귀병이었는데, 어느덧 유행성 질환으로 탈바꿈하더니 주변에 비염을 앓는 환자들이 수두룩해졌다. 바야흐로 '비염의 시대'가 도래한 것이다. 허나, 치료책은 조금도 개발되지 않았다. 그저 증상을 완화시키는 기술만 약간 개발되었을 뿐이다. '평생 비염을 끼고 살아갈 수밖에 없구나' 체념하며 살아가다가 어느 날

재야에서 활약하는 한의사를 만났다. 사실은 다른 병 때문에 상담을 하게 되었는데, 오랫동안 비염에 시달렸다는 사실을 알고 녹용을 포함한 무슨 약재를 처방해 주었다. 그런데 놀랍게도 비염이 완치되었다! 비염이 '홀연' 내 몸에서 증발해 버린 것이다.

지금 돌이켜 생각해도 신기하기 짝이 없다. 한데, 당시에는 한의학이나 민간요법에 통 관심이 없었던 터라, 병의 근본적 원인이 무엇인지, 무슨 약재를 썼는지 알아볼 생각조차 않았다. 세라스타민에 대한 '불타는 증오'에도 불구하고 임상의학적 틀 자체에 대해서는 어떤 의혹도 품지 않았다. 그만큼 병리학에 대한 믿음이 무의식 깊숙이 각인되었던 셈이다.

대체 비염은 어디에서 왔다가 어디로 가 버린 것일까? 그 사이에 내 몸 안에서 대체 무슨 일이 일어난 것일까?

물음 2 한 사람이 길에서 울고 있다. 지나가던 선비가 우는 이유를 물었다. 20년째 앞을 보지 못하다가 갑자기 눈이 떠졌는데, 정작 집으로 가는 길을 찾을 수가 없어서 운다고 했다. 선비가 말했다. "도로 눈을 감고 가시오." 『열하일기』에 나오는 화담 서경덕의 일화다.

실제로 이건 의학적으로도 증명되는 사항이라고 한다. 오랫동안 앞을 보지 못하던 맹인이 갑자기 눈을 뜨면 시각정보의 폭주 속에서 사물을 분간하지 못하게 된다고 한다. 심지어 TV를 볼 수도 없다고 한다. 형체가 넘쳐나는 망망대해에서 길을 잃는 형국! 그렇다면, 그 맹인은 그동안 세상을 시각이 아닌 다른 감각을 통해 구성하고 있었다는 뜻인가? 그럴 것이다. 그렇다면, 거꾸로 내가 보고 있는 이 세상 또한 그저 나의 시각에 의해 구성된 것일 뿐, 세상의 본래면목은 아니다. 그걸 더 확대하면, 내가 어떻게 보느냐에 따라 세상은 그만큼 달라진다는 뜻이 된다. 비유가 아니라 실제로! "우리가 본다고 하는 것은 대상이면서 동시에 자기 마음이고, 자기 마음이 동시에 대상이 되어 있는 관계입니다."(정화 스님) 양경쌍조兩鏡雙照: 두 거울이 마주 보고 서로를 비추고 있음!

내 몸 또한 마찬가지이리라. 사람의 몸은 60조 개의 세포로 이루어져 있다고 한다. 이것들이 만들어 내는 활동과 관계는 우주만큼이나 무한하다. 결국 내 몸 또한 어떻게 보느냐에 따라 계속 다르게 구성되는 것이 아닐까? 우주가 그러하듯이.

1. 내 몸은 '나의 것'이 아니다?!

미국 이타카Ithaca에서 지낼 때의 일이다. 생전 처음 미국땅을 밟은 데다 영어도 깡통인지라 호기심 반 두려움 반으로 지내던 차, 처음 내 눈을 사로잡은 풍경이 하나 있었으니, 다름 아닌 '거대한 신체'였다. 영화 <길버트 그레이프>에 나오는 고래등 같은 엄마의 몸을 기억하는가? 난 그게 아주 특별한 신체 사이즈(이를테면 영화적 상상물)라 생각했다. 그런데 그게 아니었다. 거리와 학교, 사무실 등 도처에서 그런 신체들이 출몰(!)하고 있었다. 그건 뚱뚱하다거나 비만이라는 단어가 감당하기에도 벅찬 신체였다. 신체에 대한 상상력을 훌쩍 뛰어넘는, 어떤 전위예술가도 감히 시도하기 어려운, '워킹 마운틴'(나의 명명법에 따르면) 종족이었다.

대체 인간의 몸이 어떻게 저 지경으로 팽창하게 되었을까? 30년 가까이 미국에 체류하고 계신 한 선생님께 여쭤 봤더니 "유전형질이 좀 다를 테지, 뭐"라고 하셨다. 달리 뭐라 설명하기가 난감한 표정이었다. 유전적 요소라 쳐도 의문은 가시지 않는다. 대체 저런 유전형질은 어떤 토양에서 유래했을까? 그것도 '전 세계를 주름잡는' 가장 발전된 자본주의 문명국에서 저토록 기괴한 '신인류'가 출현하다니.

잘 알고 있듯이, 미국의 음식문화는 전적으로 맥도널드 햄버거와 켄터키 치킨 등으로 대표되는 육식에 기초하고 있다. 이 음식들이 얼마나 끔찍한지는 제레미 리프킨의 『육식의 종말』신현승 옮김, 시공사, 2002이라는 책을 보면 잘 드러나 있다. 소를 키우는 데서부터 도살하는 데 이르기까지의 과정도 끔찍하지만, 그에 못지않게 끔찍한 건 '당도'糖度다. 햄버거와 치킨 등 '패스트푸드'가 자아내는 맛의 원천은 90% 이상이 설탕이다. 불량한 고기를 곱게 갈아 설탕과 지방으로 범벅하여 입에서 살살 녹게 만드는 것이 패스트푸드의 노하우다. 그래서 이 맛에 한번 길들여지면 절대 헤어날 수 없게 된다. 음식이라기보단 일종의 중독제에 해당한다. 근데, 문제는 우리가 적대시하는 '패스트푸드'만 그런 게 아니라는 점이다. 평범한 일용할 양식 또한 대부분 설탕(아니면 진한 소금)으로 범벅되어 있었다.

나는 한국에서 워낙 단맛을 밝혀 '당성'(설탕에 대한 욕망)이 강한 것으로 명성이 자자했다.(^^) 하지만, 미국 음식의 당성은 내가 도저히 따라갈 수 있는 수준이 아니었다. 만찬 때마다 디저트로 나오는 케이크의 그 끔찍한 단맛이라니!(지금 생각해도 속이 메슥거린다.) 그러니 아무 자각 없이 이 '달디 단' 음식들에 길들여진다면, 유전형질에 관계없이 '워킹 마운틴족'이 되지 않을 도리가 있을까 싶다.

최근 뉴스에 따르면, 일본 내 최장수 지역으로 이름을 날리던 오키나와 인구의 평균 수명이 급격히 추락해 전국 평균을 밑돈다는 통계가 나왔다. 원인은 비만. 그리고 비만의 원인은 지난 30여 년간 미군의 통치하에 있으면서 맥도널드를 위시한 온갖 패스트푸드가 오키나와인들을 다 중독시킨 탓이라고 한다(맙소사!).

물론 이걸로 의문이 다 풀리는 건 아니다. 그저 작은 단서 하나를 찾았을 뿐이다. 그리고 원인이 무엇이건 그런 신체를 가졌다는 건 실로 끔찍한 일이다. 그들에겐 몸이 곧 감옥이자 짐이기 때문이다. 버스를 타면 2인석은 차지해야 하고, 계단을 오르내리는 일도 쉽지 않고, 화장실에 가면 자칫 변기가 내려앉을지도 모른다. 뛰는 건 고사하고 걷기도 쉽지 않다. 결국 그것은 질병의 다른 표현인 셈이다. 숨쉬기에서부터 일상의 모든 것이 힘겹기 그지없다면 그게 바로 질병이 아니고 뭐겠는가. 특히 자기 신체에 대한 자율권을 전혀 행사하지 못한다는 점에서 그렇다. 아니, 그런 '부담스런' 신체 자체가 몸에 대한 자율성의 상실을 의미하는 셈이기도 하고.

그런데 이 사실이야말로 근대 임상의학의 구도를 적나라하게 말해 준다. 내가 '알레르기성 비염'으로 그 수난을 겪고도 내 몸을 스스로 조절하겠다는 생각을 단 한 번도 하지 않았던 것처럼 대부분의 근대인들은 자기 몸에 '무관심(!)하다'. '얼짱', '몸짱'이 유행하는데 무슨 소리냐고 할 테지만, 그건 전혀 다른 문제다. 성형수술이나 다이어트는 자기 몸을 외적 척도에 맞추려는 것이지 몸에 대한 진정한 관심이라 할 수 없다. 몸이 지닌 독특한 리듬, 체질적 특성, 동선 그리고 그것의 발현으로서의 성격 등 우리 몸에는 무한한 비밀이 담겨 있다. 하지만 사람들은 이 모든 것을 다 의사나 약사, 보험제도 등 소위 임상의학에 기초한 '국가의료시스템'에 맡겨 버린다. 그리고 임상의학은 언제나 '평균율'에 의해 움직인다. 평균 수명, 평균 신장, 평균 몸무게, 평균 수치. 평균이 곧 정상인 셈이다. 한편으론 몸을 인위적인 아름다움에 맞추고, 다른 한편으론 보건제도의 평균 시스템에 맡기고. 그 와중에 정작 우리의 '몸'은 소외되어 버린다. 따라서 병이 들면, 그땐 전적으로 병원과 보험제도에 의존할 수밖에 없다. 검사를 하라면 하고, 수술을 하라면 수술을 하고, 수혈을 하라면 수혈을 하고. 복부를 절개해 봤더니 실은 오진이었다고 해도 속수무책! 기껏 할 수 있는 일이라곤 병원보다 더 지겨운 법정투쟁뿐.

이런! 내 몸은 '나의 것'이 아닌 것이다! 평생 감옥보다 더 끔찍한 비대한 몸집에 갇혀 살아야 하는 미국의 '신인류'들이나 알레르기성 비염과 함께 흘러간 나의 젊은 날이나 그 점에서는 조금도 다를 게 없다. 자기의 '몸'으로부터 유배당한 인간들? 대체 몸에 대한 이런 표상과 배치는 어디로부터 유래한 것일까?

2. '가시성'의 배치

'똥'의 몰락

중국의 제일 장관은 저 기와 조각에 있고, 저 똥덩어리에 있다.

대체로 깨진 기와 조각은 천하에 쓸모없는 물건이다. 그러나 민가에서 담을 쌓을 때 어깨 높이 위쪽으로는 깨진 기와 조각을 둘씩 둘씩 짝을 지어 물결무늬를 만들거나, 혹은 네 조각을 모아 쇠사슬 모양을 만들거나, 또는 네 조각을 등지게 하여 노나라 엽전 모양처럼 만든다. 그러면 구멍이 찬란하게 뚫리어 안팎이 서로 비추게 된다. 깨진 기와 조각도 알뜰하게 써먹었기 때문에 천하의 무늬를 여기에 다 새길 수 있었던 것이다.

그런가 하면, 가난하여 뜰 앞에 벽돌을 깔 형편이 안 되는 집들은 여러 빛깔의 유리 기와 조각과 시냇가의 둥근 조약돌을 주워다가 꽃·나무·새·짐승 모양을 아로새겨 깔아 놓는다. 비올 때 진창이 되는 것을 막기 위함이다. 기와 조각 하나, 자갈 한 조각도 버리지 않고 고루 활용했기 때문에 천하의 고운 빛깔을 다 낼 수 있었던 것이다.

똥오줌은 아주 더러운 물건이다. 그러나 거름으로 쓸 때는 금덩어리라도 되는 양 아까워한다. 한 덩어리도 길바닥에 흘리지 않을뿐더러, 말똥을 모으기 위해 삼태기를 받쳐들고 말 꼬리를 따라다니기도 한다. 똥을 모아서는 네모반듯하게 쌓거나, 혹은 팔각으로 혹은 육각으로 또는 누각모양으로 쌓아올린다. 똥덩어리를 처리하는 방식만 보아도 천하의 제도가 이에 다 갖추어졌음을 알 수 있겠다.

박지원, 「일신수필」, 『세계 최고의 열하일기』(상), 고미숙·김풍기·길진숙 엮고 옮김, 북드라망, 2013, 241~242쪽

18세기 후반 연암 박지원이 세계제국의 중심인 청문명의 정수를 본 것은 바로 '기와 조각과 똥덩어리'에서였다. "중국의 제일 장관은 저 기와 조각에 있고, 저 똥덩어리에 있다." 이 파격적 명제에는 중화주의의 기저를 뒤흔드는 연암 특유의 패러독스가 깔려 있다. 거기에는 한편으론 100년이 넘도록 태평성세를 구가하고 있는 만주족 오랑캐에 대한 경외심이, 다른 한편으론 기념비적 유물이 아니라 아주 사소하고 하찮은 것에 대한 태도가 곧 그 문명의 수준을 가늠하는 척도가 된다고 보는 연암의 심오한 통찰이 담겨 있다.

그로부터 100여 년이 지난 19세기 말, 상황은 완전히 역전되었다. 중화(청)를 꼭짓점에 두고 조선-일본으로 구성되었던 중화주의가 '황인종론'으로 바뀌면서 조선을 사이에 두고 일본과 중국이 순위를 뒤바꾸는 상황이 연출된 것이다. 그와 더불어 청나라 문명은 동양 삼국 가운데 가장 더럽고 추악한 나라로 전락하고 말았다.

길이라 하는 것은 한 사람에게 매인 것이 아니라 전국 인민에게 매인 까닭에 외국 사람이 남의 나라에 가서 그것은 첫째 길을 보고 결단하는 것이라⋯⋯.
일전에 외국 사람 둘이 서소문 안길로 밤에 지나면서 하는 이야기

를 들으니 조선을 사랑하는 사람의 마음에 분하고 애석한 마음이 자연히 나더라 서소문 안길은 맨 진흙이요 아무데를 디뎌도 검은 진흙이 각색 더러운 물건과 모두 섞여 신 위로 넘어오며 미끄럽고 끈끈하여 발자국을 임의로 떼어 디딜 수가 없는지라 한 외국 사람이 말하되 당신이 세계 각국을 많이 보았다니 다른 데서 이런 길 같은 길을 보았느냐 물은즉 그 사람의 친구 말이 다른 데서는 이런 길을 못 보았으나 청국 서울 북경서 이런 길을 한 번 보고 또 한 번은 꿈속에 지옥에 들어가서 본즉 지옥에 가는 길이 이 길과 같으나 지옥길에서는 냄새는 이렇게 나지 않더라

『독립신문』1897년 2월 2일자 논설

서소문 안의 길은 진흙이라 각종 물건이 뒤섞여 더럽기 짝이 없다는 것이다. 뭐, 그렇게 생각할 수 있다. 문제는 그 다음이다. 중요한 건 그 더러움이 청국의 수도 북경에 비견되고 있다는 사실이다. 정갈함과 치밀함 때문에 연암으로 하여금 질투와 감탄을 연발하게 했던 청나라의 도로가 최악의 더러움을 상징하는 수준으로 떨어지고 만 것이다. 심지어 꿈속에서 본 지옥보다 못한 것으로 취급된다.

진흙탕도 못 견디는데 하물며 똥이야 말해 무엇하리. 즉, 청문명의 추락은 '똥'의 전락이기도 했다. 똥은 이제 모든 계몽주의자들의 '적'이 되었다. 1장에서 보았듯, 갑신정변의 풍운아 김옥균이 「치도약론」에서 근대적 개혁을 위해 조선이 시급하게 시행해야 할 정책으로 내세운 것은, 뜻밖에도 위생이다. 그가 보기에, 조선의 미개함은 '사

람과 짐승의 똥오줌이 길에 가득'하다는 사실에 있었다.

『독립신문』과는 정치적 노선을 달리했던 『황성신문』의 주체들도 그 점에 있어서는 동일한 입장을 취했다. 1899년 6월 27일자 논설을 보면, 양생의 규칙으로 첫째, 운동, 둘째, 침식寢食과 의복을 신중히 선택할 것, 셋째, 가옥과 도로를 청결히 할 것 등을 나열한 뒤, 다음과 같은 방안을 제시한다.

大槪人의 疾病은 其氣血을 失常함에 從出함이 每多하나 亦 汚穢氣의 流觸함을 緣함도 不少하고 且 傳染하는 病에 恾疾과 癘疫은 專혀 汚穢物의 毒氣로 由出하나니 故로 泰西各國에 汚穢氣로 消止하는 道는 家室의 居處와 道路의 掃除를 淸潔히 하여 人家에는 浴沐室을 置하고 頻數히 洗身하며 道路에는 兩邊에 樹木을 鬱密히 種하고 路上에는 一点蟲物을 損棄치 못할뿐더러 城市에는 每戶厠所는 地中隱窟로 數十里式通하여 海潮出入하는 時에 洗滌하게 하고 鄕曲에는 厠門을 密閉하고 大小便을 土陷에 藏置하여 其氣를 泄潑치 못하게 하나니 我韓에는 本來도 養生하는 道에 全昧하거니와 今에 大旱之餘를 當하여 毒氣에 侵損이 不無할뿐더러 衣服飮食居處가 一件도 衛生에 可稱할 者가 無하고 且 路邊에 汚穢物이 堆積하여 腐臭가 蒸鬱한 中에 人家의 厠突을 路傍으로 出하여 糞料所積에 惡臭가 觸鼻하여 來去하는 人이 其氣를 盡吸하매 疾病에 罹하기 甚易할지라 今에 諸般養生의 道는 遽行키 難하나 路上에 棄穢와 厠突의 出路는 不禁하려면 已어니와 禁하려

면 어찌 其方이 無하리오 近日에 漢城判尹과 警務使가 朝任夕遞

하는데 매양 新任하는 日에는 華麗한 文字로 街壁에 揭示함이 無

非修道淨厠하는 諸般衛生의 方이로되 實施함은 未見하니 此는

曾前守令들이 到任初이면 牛酒松三禁을 依例히 發令하나 畢竟

은 其實施함을 見치 못하느니 今에 衛生하는 職任을 當한 官人들

이 一紙空文으로써 人民의 目만 掩코저 하나 人民中에도 目이 明

한 자는 紙上空文에 見欺치 아니하리니 어찌 慨然치 아니리오 惟

願 今日을 當한 兩府廳官人들은 文具를 更尙치 勿하고 實事를 是

求하여 厠道와 路上을 修潔하여 人民의 衛生을 極保할지어다*

『황성신문』 1899년 6월 27일자 논설

* 인용문의 한자 독음은 다음과 같다. "대개인의 질병은 기기혈을 실상함에 종출함이 매다하
나 역 오예기의 유촉함을 연합도 불소하고 차 전염하는 병에 괴질과 여역은 전혀 오예물의 독
기로 유출하나니 고로 태서각국에 오예기로 소지하는 도는 가실의 거처와 도로의 소제를 청
결히 하여 인가에는 욕목실을 치하고 빈수히 세신하며 도로에는 양변에 수목을 울밀히 종하
고 노상에는 일점추물을 손기치 못할뿐더러 성시에는 매호측소는 지중은굴로 수십리식통하
여 해조출입하는 시에 세척하게 하고 향곡에는 측문을 밀폐하고 대소변을 토함에 장치하여
기기를 세발치 못하게 하나니 아한에는 본래도 양생하는 도에 전매하거니와 금에 대한지여
를 당하여 독기에 침손이 불무할뿐더러 의복음식거처가 일건도 위생에 가칭할 자가 무하고
차 노변에 오예물이 퇴적하여 부취가 증울한 중에 인가의 측옹을 노방으로 출하여 분료소적
에 악취가 촉비하여 내거하는 인이 기기를 진흡하매 질병에 이하기 심이할지라 금에 제반양
생의 도는 거행키 난하나 노상에 기예와 측돌의 출로는 불금하려면 이어니와 금하려면 어찌
기방이 무하리오 근일에 한성판윤과 경무사가 조임석체하는데 매양 신임하는 일에는 화려한
문자로 가벽에 게시함이 무비수도정측하는 제반위생의 방이로되 실시함은 미견하니 차는 증
전수령들이 도임초이면 우주송삼금을 의례히 발령하나 필경은 기실시함을 견치 못하느니 금
에 위생하는 직임을 당한 관인들이 일지공문으로써 인민의 목만 엄코저 하나 인민중에도 목
이 명한 자는 지상공문에 견기치 아니하리니 어찌 개연치 아니리오 유원 금일을 당한 양부청
관인들은 문구를 경상치 물하고 실사를 시구하여 측도와 노상을 수결하여 인민의 위생을 극
보할지어다"

'국한문혼용체'라고 겁먹을 건 없다. 내용은 아주 간단하다. 서구 각국에선 집집마다 목욕실이 있어 자주 몸을 씻는다, 노상에는 일절 오물을 버릴 수 없고 변소는 땅속 깊숙이 숨겨져 있다, 그러나 조선은 노변에 오물이 쌓여 있을 뿐 아니라, 특히 변소가 노변에 노출되어 있어 악취가 진동을 한다, 그러니 위생담당 관리들이 이 문제를 해결하기 위해 적극 노력해야 한다──대충 이런 말이다. 점잖은 개신유학자 그룹에 속했던 『황성신문』의 주체들에게도 '똥'과 변소가 핵심적 이슈였던바, 여기에는 약간의 배경설명이 필요하다.

조선시대의 도시인들은 직간접적으로 농업적 배경을 가지고 있었기 때문에 분뇨 수거에 특별히 신경을 쓸 필요가 없었다. 어느 정도 모이면 근교에 있는 농촌에서 정기적으로 수거해 갔기 때문이다. 하지만, 개항 이후 이주해 온 외국인들은 그러한 배경이 없었던 탓에 지역별 청소 규칙을 만들어 오물을 제거할 수밖에 없었다. 예컨대, 경성 주재 일본 영사관은 1891년 7월 소제규칙을 발하여 거류민들의 쓰레기와 분뇨 수거 및 거리 청소를 임무로 하는 위생사衛生社를 설치하고 매월 호당 10전씩을 납부케 하였다. 손정목, 「개항기 도시시설의 도입과정: 청소 및 위생」, 『도시문제』 14권 8호, 1979, 84~85쪽 따라서 이런 사회·경제적 배경을 고려치 않고, 변소 노출 같은 사항을 무조건 '더럽다'고 여기는 건 서구인의 시선을 고스란히 내면화한 '오리엔탈리즘'에 다름 아니다.

이렇듯 20세기 초 계몽담론에는 똥에 대한 대대적인 공격이 흘러넘친다. 똥이야말로 악취와 불결함, 가난과 질병, 나아가 미개함을 대변하는 기호였기 때문이다. 졸지에 문명개화의 적이 되어 버린

'똥'! (똥이 대체 뭔 죄가 있다고?) 세계제국의 중심인 청 문명의 토대를 '똥덩어리'에서 찾은 연암과 똥이야말로 개화자강의 걸림돌이라고 본 김옥균. 이 둘 사이에 대체 무슨 일이 일어난 것일까?

'보이는 것'만이 진리다

이 시기 위생 규칙의 대표적 항목 가운데 하나는 길가에서 대소변을 보지 말라는 것, 그리고 대소변을 아무 데나 버리지 말라는 것이다. 그러고 보면, 이 시기에는 길 가다 똥이 마려우면 적당한 곳에서 볼일을 보기도 했고, 골목이나 냇가에서 오줌을 누는 일도 다반사였다. 공간적으로 그게 충분히 가능했을 뿐 아니라, 공중화장실 개념이 없었으니 그럴 수밖에 없었을 것이다. 일상의 배치상 지극히 자연스러운 일이었다는 말이다.

　그런데 한편 자연스럽고, 한편 불가피했던 그 같은 습속이 이제 느닷없이 심각한 문제로 떠오르게 된 것이다. 위생에 해롭다는 것이 그 명분인데, 그 이전에 꼭 전제되는 말이 있다. '보기에 좋지 않다'는 게 그것이다. 이때 '본다'는 행위의 주체는 가장 일차적으로는 외국인, 곧 서양인이고, 그 다음으로는 그 시선을 내면화한 계몽주의자들이다. 치도治道가 문명의 표지가 되는 것도 마찬가지 맥락에 놓여 있다. 일단 보기에 좋아야 문명국에 가까이 다가갈 수 있다고 믿은 것이다.

　좀 유치하긴 하지만, 이런 논리는 계몽담론의 인식론적 배치를 잘 보여 준다. 주지하듯, 근대는 시각적인 것을 특권화하면서 도래한다. 근대적 사유는 보이는 것, 볼 수 있는 것만을 인정한다. 가시성의 영역 안에 들어오지 않는 것은 믿지 않는다. 그런데 이때 시각이라는 척도는 균질화된 평면을 전제한다. 불투명한 것, 중복된 것, 뒤섞인 것, 경계가 모호한 것들은 중심으로부터 가혹하게 축출된다. 요컨대 가시성의 배치는 불균질한 것들을 견디지 못한다. '똥오줌'에 대한 혐오감은 말할 것도 없고 이전까지만 해도 자연스럽게 여겨졌던 "검은 진흙이 각색 더러운 물건과 모두 섞여" 있는 꼬불꼬불한 골목길까지 졸지에 더럽고 불결하다고 간주된다. 아울러, 사람과 수레와 말이 뒤엉키는 길거리 풍경마저 비슷하게 취급된다. 올림픽이나 월드컵 때마다 노점상들을 집중단속하는 명분도 같은 맥락이다. 외국인들, 곧 문명인들 보기에 안 좋다는 것이다. 어처구니없지만, 사실이다. 이 모든 것이 다 '시각의 특권화'라는 새로운 척도에서 기인한다.

이 시기에는 이미 질병의 원인은 세균이라는 '병인체론'이 자명하게 받아들여졌다. 1866년, 전 세계적으로 콜레라가 유행했을 때의 일이다. 조선의 선교사들은 뉴욕시 위생국에서 발간한 방역규칙을 번역하여(한글본 1만 부, 한자본 1천 부) 전국에 배포했다. 그 전문은 다음과 같다.

공고

콜레라는 악귀에 의해 발생되지 않습니다. 그것은 세균이라 불리는 아주 작은 생물에 의해서 발병됩니다. 이 살아 있는 균이 우리 몸에 들어오면 그 수가 급격히 증가하면서 병을 일으킵니다. 만약 당신이 콜레라를 원치 않는다면 균을 받아들이지 않아야 합니다. 지켜야 할 것은 음식을 반드시 끓이고 그 끓인 음식을 다시 감염되기 전에 먹기만 하면 됩니다.

갓 끓인 숭늉을 마셔야 합니다. 찬물을 마실 때도 끓여서 깨끗한 병에 넣어 두어야 합니다.

언제 감염될지 모르니 식사 전에 반드시 손과 입안을 깨끗이 씻으십시오. 이상의 사항을 준수하면 콜레라에 걸리지 않습니다.

<small>김윤성, 「개항기 개신교 의료선교와 몸에 대한 인식틀의 '근대적' 전환」, 서울대 종교학과 석사학위 논문, 1994, 64~65쪽에서 재인용</small>

이제 질병은 전적으로 외부적인 원인, 곧 세균에 의한 것으로 간주되었고, 동시에 사람의 몸과 분리된 객관적인 실체로 인식되기에 이르렀다. 특히 19세기 후반 코흐에 의해 콜레라균이 발견되면서 세균과 질병을 일대일로 대응시키는 세균학은 바야흐로 전성기를 구가하기에 이른다. 푸코에 따르면, 새로운 의학체계는 "질병을 공통적인 특성으로 뭉뚱그려 일반화하기보다는 독특한 질병이 어떠한 원인과 결과를 나타내는가를 추적하려 하였다." "그리하여 18세기를 전후하여 의사는 환자에게 '너의 문제가 무엇인가?'에서 '너는 어디가 아픈가?'라고 묻게" 되었다. <small>푸코, 『임상의학의 탄생』, 29쪽</small>

더욱 문제가 되는 건 이것이 전염병을 넘어서 모든 질병 및 인체 전반을 해석하는 유일한 척도가 되어 버렸다는 사실이다. 장기臟器라는 국소적 위치에 자리 잡은 질병, 세균이라는 단 하나의 원인, 그리고 그 적과의 전쟁으로서의 치료. 판이 이런 식으로 짜여짐으로써 인간과 세균 사이에는 한치의 양보도 없는 전선이 형성된 것이다. 청결한 물, 물을 끓이는 법, 신선한 공기 등에 대한 캠페인이 쉬지 않고 일어난 것도 그런 맥락에서였다.

그럼 세균처럼 '비가시적인 것'에 대해서는 어떻게 이해해야 하는가? 가시성이라는 척도는 당연히 세균에까지 적용된다. 근대의학이 질병의 원인을 세균으로 믿어 의심치 않는 것은 그것을 '발견'(!)했기 때문이다. 현미경을 통해 지극히 미세한 것, 대기 속에 떠돌아다니는 세균들까지 포착하게 된 것이다. 눈으로 볼 수 있다면, 그것은 진리다!

근래에 장맛비가 지리하고 삼복 일기가 더우매 도성에 사는 인민들이 설사병이 많이 있으며 혹 이징異徵; 이상한 조짐 기운으로 오래 신고身苦하는 사람이 많다 하니 실로 민망한 소문이라 사람이 첫째는 병이 없어야 그 몸이 충실할 것이요 몸이 튼튼하여야 무슨 일이든지 마음대로 힘쓸 터이요 둘째는 백성의 몸이 병드는 것은 그 집이 빈궁할 장본이요 백성의 집이 빈곤하면 나라가 또한 병들 터이니 어찌 근심할 일이 아니리오 그 병의 근본을 궁구하여 보건대 도성 안에 들어온 개천이 많이 있고 그 개천에서 악독한 냄새와 지미한 버러지가 나와 사람의 코와 입으로 들어가면 그 사람으로 하여금 병이 나게 하나니 집집마다 그 개천을 정결케 한 후에야 그 집에

사는 사람이 병이 적을 것이요 또는 도성 안에 있는 우물을 보면 모두
대소변의 거름물로 화한 것이라 그 물을 정한 유리항에 담아 놓고 좋은
현미경으로 그 물을 비추어 볼 것 같으면 물 가운데 반드시 무수한 벌레
가 있을 터이니 그런 물을 먹고야 인민들이 어찌 병 없기를 바라리오

『독립신문』 1899년 7월 19일자 논설

물과 공기는 이전에도 인체와 뗄 수 없이 결합되어 있었다. 생명
작용의 근원이기 때문이다. 『동의보감』에도 나오듯이, "인간은 물 속
에서 살다가 공기 속으로 나온다". 아이가 엄마 뱃속에 있다 세상에
나오는 과정을 이르는 말이다. 하지만 계몽담론이 그것을 제기하는
방식은 전혀 다르다. 물이 깨끗해야 하는 건 오직 질병의 원인인 박
테리아를 제거하기 위함이고, 공기와의 관계 역시 먼지와 독한 생물
을 막는 것이 관건이다. 이렇게 자신만만하게 말할 수 있는 이유는
간단하다. 그것들을 '눈으로' 확인했기 때문이다. 이에 대한 더 자세한 설명은
신동원, 『한국 근대 보건의료사』, 한울, 1997의 4장을 참조 명백한 인자因子를 발견했
으니, 그것을 제거하거나 차단하기만 하면 질병으로부터 벗어날 수
있다고 믿어 의심치 않는 것이다.

그런 맥락에서 보면, 이제는 후각조차도 시각에 종속된다. 악취
에 대한 경계는 냄새 자체가 괴로워서라기보다 그 속에 떠돌아다닐
미생물 때문이다. 이를테면, "직접적으로 관찰가능한" 것으로의 임상
의학적 배치가 가동되기 시작한 것이다. 또 일단 눈으로 확인된 것은
직접적인 언어로 표현된다. 보이는 것만이 말해진다. 즉, "임상의학

에서 '보여지는 것'과 '말해지는 것'은 질병의 명시적 진리 속에서 즉 각적으로 교류된다. 질병은 가시적이고 그러므로 진술가능한 요소 속에서만 존재한다." 개리 거팅, 『미셸 푸코의 과학적 이성의 고고학』, 홍은영·박상우 옮김, 백의, 1999, 163쪽 그러므로 모호하고 불투명한 것은 진리가 아니다. 곧 의학적 배치 안에 들어올 수 없다.

더러움과 잔혹함

잔혹한 형벌에 대한 혐오감 역시 비슷한 맥락에 놓여 있다. 계몽의 주체들은 조선의 형벌제도에 의학자들이 깊이 개입하기를 적극 촉구한다. "세계 각국 경무청치고 의원과 약 없는 경무청은 없는지라" "경무청에 의약국이 있어 누구든지 불행히 상하든지 급한 병이 나든지 옥중에 죄인들이 병이 있다든지 하면 이 의원이 돌아다니며 이런 사람들을 다 치료하여 주는 것이 경무청 직무요 또 이런 일이 차차 백성을 감동케 하는 시초요 개화의 근본" 『독립신문』 1895년 8월 25일자 논설이라는 것 등이 그 좋은 예이다. 의학과 공권력의 결합, 곧 인구 전체를 꼼꼼하게 조절, 관리, 훈육하는 '생체정치학'적 관념이 작동하기 시작한 것이다. 그리고 그 연장선상에서 능지처참이나 효수형 같은 잔혹한 형벌을 폐지할 것을 주장한다.

무슨 죄든지 죽이는 것이 극형이라 죽이고 또 그 죄인의 신체를 잔혹하게 분열하는 것은 조금도 그 죽은 사람에게는 이해가 없는 일이요 다만

산 사람의 마음을 잔혹하게 만드는 폐단이 있으며 천하사기를 보면 이전에 야만세계 법률은 항상 잔혹하고 개화가 되어 갈수록 법률이 정당하고 쓸데없는 잔혹한 형벌이 없으니 만일 잔혹한 형벌이 좋을 것 같으면 구미 각국과 일본서 행하지 아니할 리가 없고 청국과 모로코에는 옛법대로 잔혹한 형벌을 쓰나 나라는 따라서 망하니 이것만 보아도 능지니 처참이니 연좌니 하는 법이 국가를 해롭게 하는 것을 가히 알겠도다

『독립신문』 1898년 9월 26일자 논설

이제 왕의 권위를 과시하기 위해 화려한 신체형의 스펙터클을 보여 주는 것은 매우 비효율적인 것으로 치부되었다. 피가 튀고, 살점이 흩어지고, 죽음의 냄새가 거리를 메우는 것은 그것을 보는 사람들의 마음을 잔혹하게 만든다. 또 무엇보다 '비위생적'이다. 공기가 더럽혀질 것이기 때문이다. 따라서 죄수들은 조용히, 보이지 않는 곳에서 처리되어야 한다. 무엇보다 공중보건을 위해. "다시 말하면 권력은 더 이상 의식儀式을 통해 행사되는 게 아니라, 감시와 통제라는 지속적 메커니즘에 의해 행사된다." 미셸 푸코, 『비정상인들』, 박정자 옮김, 동문선, 2001, 111쪽 그리고 바로 그 배치의 이면에 작동하는 것 또한 시각이라는 척도다. 오감을 육박해 들어오는 형벌 방식은 균질적인 것을 지향하는 시각적 배치와는 절대 어울릴 수 없다. 말하자면, 이때의 잔혹함이란 혼란스러운 것, 불균질한 것의 다른 표현이기도 하다. 더러움과 잔혹함의 중첩.

참고로 덧붙이면, 근대인들은 고통에 대해 지나치게 금기시한다. 아주 작은 고통조차 약으로 제압하려 든다. 그에 비례하여 신체의 저항력은 지속적으로 저하된다. 그런데 세심하게 관찰해 보면, 고통을 금기시하는 이면에는 불결함을 견디지 못하는 속성이 작용하고 있다. 피나 고름, 구토와 설사 등 고통을 야기하는 것들은 대개 '더럽다!' 그리고 그 더러움은 시각적으로 몹시 불편하다. 따라서 가능하면 겉으로 드러나선 안 된다. 따라서 무조건 약이나 수술로 막아버리려 든다. 뿐만 아니라 고열이나 피고름, 가래와 기침 등 지저분해 보이는 증상들은 실제로 몸이 스스로를 정화하는 방어기제의 일종이다. 이런 정화기제를 미봉해 버리면 면역수치가 떨어질 건 불 보듯 뻔하다. 하지만, 임상의학은 절대 이런 이치를 인정하지 않는다. 일단 더러운 건 못 참기 때문이다.

하지만 한의학 전통에 따르면, 토하고 싸는 것만큼 몸을 정화시키는 것도 없다. 어떤 약도 치료할 수 없는 죽기 직전의 환자들을 사흘 정도 토하고 싸게 해서 기사회생시킨 '전설적인' 명의들도 있었다한다. 물론 근대와 함께 이런 치료법은 한의학 안에서도 맥이 끊기고 말았다. 임상의학적 시각하에선 그런 과격한 치료법이 존재할 공간자체가 아예 부재하기 때문이다.

드라마에 나오는 불치병환자들이 아름답게 그려지는 것도 비슷한 이치이다. 겪어 본 이들은 알 테지만, 암이나 백혈병은 고통스러울 뿐 아니라, 사람을 몹시 누추하게 만든다. 먹은 것을 계속 토하거나 계속 기침을 해대야 하기 때문이다. 환자는 절대 아름답거나 깨끗할 수가 없다. 그런데도 멜로드라마에선 이런 식의 누추함을 진솔하게 드러내지 못한다. 청승맞고 야윌지언정 더러워선 안 된다고 여기는 것이다. 결국 거기에 등장하는 건 병이 아니라, 병의 메타포들일 뿐이다. 수전 손택Susan Sontag의 말마따나, 우리가 경험하는 건 대부분이 '은유로서의 질병'인 것이다.

「변강쇠가」가 증발된 것*도 이런 맥락에서 충분히 이해가능하다. 강쇠가 앓았던 오만 질병은 지독하게 더러웠기 때문이다. 팔도의 장승들이 몸을 팔등분하여 갖은 악병을 다 덧씌웠으니, 고통도 고통이려니와 악취와 악기惡氣가 사방에 진동한다. 더러운 것은 눈에서 사라져야 할 뿐 아니라, 더 이상 말해져서도 안 된다. 똥을 위시하여 온갖 더러움을 표현하는 단어들은 이제 금기가 되었다. 어떤 점에선 섹스보다 더 심한 금기가.

3. 양생(養生)에서 위생으로

사상의학

임상의학의 도래와 함께 민간의학 및 전통한의학은 타자화되었다. 그런데 중요한 건 그 같은 결론이 아니라, 타자화의 과정이다. 근대의학은 어떤 방식으로 전통의학을 일거에 침묵, 봉쇄시킬 수 있었던

---

* 「변강쇠가」에 대해서는 이 시리즈의 2권 『연애의 시대』 2장을 참고하라.

가? 『독립신문』에 나오는 위생담론의 많은 부분은 무당과 판수점치는 일을 직업으로 삼는 맹인와 재 올리는 중들에 대한 공격으로 되어 있다. 이들은 바로 민간의학을 주도했던 이들이다.

이들은 귀신이나 정령 같은 '보이지 않는' 세계와의 교통을 상정하고 있다는 이유에서 당연히 미신이라는 이름으로 배제되었다. 덧붙이자면 "이러한 민간신앙의 치유체계에서는 자연과 인간이 나뉘지 않고, 과거와 현재라는 시간의 분화도 이루어지지 않으며, 초월적 존재인 신 또는 초자연적인 힘과 인간의 대칭도 불분명하고, 삶과 죽음의 문제도 자명한 것이 아닌 역설적 합일의 모습으로 수용된다." 다시 말해, "몸은 자연과 초자연이 서로 교차하고, 초월적인 존재와 초자연적인 힘들이 살아 움직이는 공간이 된다. 또한 몸은 공동체의 고통과 기쁨이 함께 어우러지는 장이 된다." 김윤성, 「개항기 개신교 의료선교와 몸에 대한 인식틀의 '근대적' 전환」, 74쪽 하지만 이 모든 현상들은 현미경으로 포착될 수 없으므로 의학의 영역에 들어올 수 없다. 여기에는 실로 타협의 여지가 없다. 민간의학이 인간과 자연, 공동체 전체와의 연속적 평면 위에서 질병을 대한다면, 임상의학은 인체의 안과 밖을 과격하게 단절하는 것을 전제로 하기 때문이다.

그러면 전통 한의학에 대해서는 어떻게 했던가? 한의학의 전통은 17세기 허준의 『동의보감』에서 절정에 이른 뒤, 이제마의 『동의수세보원』東醫壽世保元(1895~1900년 완성)을 통해 사상의학四象醫學이라는 새로운 틀로 변주된다. 사상의학은 분류의 틀이나 사유의 편폭이 근대적 세례를 받은 것처럼 느껴질 정도로 4분법의 도식을 고수한다. 중앙에 심장을 놓고, 동서남북 사방에 간, 신, 비, 폐 네 장기를 배속한 다음 네 가지 사이에는 소통이 불가능하도록 고정시켜 놓았다. 동아시아 의학의 오랜 전통인 오행론 대신 사행론四行論적 인체관을 제시한 것이다. 신동원, 『호열자, 조선을 습격하다』, 역사비평사, 2004, 290쪽 참조

그리고 장기의 배열과 특징에 따라 사람을 네 가지 유형, 곧 '태양인, 태음인, 소양인, 소음인'으로 구분한다. 예컨대, 태양인은 폐가, 태음인은 간이, 소양인은 비위脾胃가, 소음인은 신장이 다른 장기에 비해 발달했다고 보는 것이다. 따라서 그것은 신체의 외적 특징에도 드러날 뿐 아니라, 애로희락哀怒喜樂, 곧 '슬퍼하고 노하고 기뻐하고 즐거워하는' 성정의 작용으로도 표출된다. 예를 들면 이런 식이다. "태양인은 애성哀性은 멀리 흩트리고 노정怒情은 몹시 급한데, 애성이 멀리 흩트리면 기氣가 폐로 흘러들어 폐가 더욱 성해지고, 노정이 몹시 급하면 기가 간에 부딪혀 간이 더욱 깎여"진다거나, "소음인은 낙성樂性은 깊이 굳히고 희정喜情은 몹시 급한데, 낙성이 깊이 굳히면 기가 신腎으로 흘러들어 신이 더욱 성해지고, 희정이 몹시 급하면 기가 비脾에 부딪혀 비가 더욱 깎여"김형태 도해, 『동의수세보원』, 정담, 1999, 14~15쪽진다. 소양인과 태음인 역시 같은 방식으로 설명된다. 당연한 것이지만, 이런 체질적 특징은 일하는 스타일, 공부법, 교우의 범위까지도 그대로 이어진다.

『애노희락의 심리학』김명근, 개마고원, 2003을 보면, 『삼국지』에 나오는 인물들을 사상체질로 분석하는 장이 있다. 관운장은 태양인, 유비는 태음인, 제갈량은 소음인, 장비와 조조는 소양인에 해당한다는 것.

그렇게 놓고 보니, 그 영웅들의 '이합집산'이 그야말로 한손에 잡힐 듯 생생하게 들어왔다. 내가 아는 한, 『삼국지』에 관한 가장 흥미진진한 독법이었다.

물론 태양, 태음, 소양, 소음 이 네 가지 유형 사이에 서열이나 위계는 없다. 하지만, 삼국지의 영웅들이 보여 주듯, 각각의 체질에 어울리는 직분과 활동, 인간관계는 있다. 그렇다면, 결국 장기의 배열이 운명을 결정 짓는 열쇠라고도 볼 수 있는 셈인가. 관운장과 제갈량의 비장한 엇갈림이 그러했듯이. '운명을 바꾸려면 몸부터 바꾸라'는 메시지가 유효한 것도 이 때문이다.

이렇듯 사상의학을 포함하여 전통 한의학은 인체와 음양陰陽, 장부와 성정 등을 하나로 관통하여 파악한다. 특히 사상의학은 그 복합적 흐름을 네 가지로 압축함으로써 의학의 혜택을 받을 수 없는 서민들에게도 몸을 자율적으로 조절할 수 있는 기회를 대폭 확장해 주었다. 이제마의 깊은 뜻도 거기에 있었을 터, 의학이 부를 축적하는 도구나 국위를 선양하는 방편이 아니었다는 사실이야말로 전통한의학과 임상의학이 갈라서는 가장 첨예한 지점이기도 했다.

사상의학에 대해 좀더 깊이있게 알고자 하는 이들은 『애노희락의 심리학』을 일독하시기를 권하는 바이다. 몸에 대한 심오하면서도 스릴 넘치는 담론들을 만나게 될 것이다. 또 임상적 사례들을 접하고 싶다면 『닥터 K의 마음문제 상담소』강용혁, 북드라망, 2012를 참조하시길. 사상의학의 렌즈를 통해 우리 시대 보통사람들의 '인정물태'를 생생하게 음미할 수 있을 것이다.

해부병리학

그러나 역설적이게도 사상의학의 출현과 더불어 전통의학은 의학적 담론 외부로 배제되는 숙명에 처하게 되었다. 물론 그 방식에 있어 민간의학을 축출하는 것과는 다소 차이가 있다. 즉, 무당이나 판수들에 대해서는 미신이라고 심하게 몰아부쳤지만, 한의사들에 대해서는 그렇게 하지 못했다. 선교사들이나 계몽주체들의 입장에서 보면, 한의학은 좀 난감한 대상임에 틀림없다. 전통의 무게도 무게려니와, 실제로 불치병으로 분류되는 것들도 거뜬히 고치는 현장을 종종 목격하곤 했기 때문이다. 때문에 한의학을 공격하기 위해 그들은 다채로운 전략을 구사한다.

못된 의원이란 것은 민간에 큰 화라 조선 사람이 의원 까닭에 죽는 사람이 일 년에 몇 천 명이니 의원이 없었다면 이 사람들이 이렇게 죽을 리가 없는데 무식한 의원에 학문 없는 약과 침 까닭에 불쌍한 인생이 목숨을 많이 잃었으니 어찌 불쌍하지 않으리오 외국서는 사람이 의원이 되려면 적어도 일곱 해를 날마다 학교와 병원에서 각색 질병을 눈으로 보고 다스리는 법을 공부한 후에 대학교 교관들 앞에서 시험을 지낸 후 다시 의원 노릇을 하려면 그 동리 판윤 앞에 가서 상등의원들을 청하여 다시 시험하여 그 사람이 내치 외치와 부인병들과 이해병들과 해산하는 데 관계되는 학문과 화학과 약물학과 약 만드는 법을 다 시험을 지낸 후라야 판윤이 인가장을 하여 주어 비로소 민간에 나아가 의원 노릇을 하는 법이라 의원이 이 학문들을 모르고 책을 보고 의원인 체하는 사람은 세계에 제일 위태한 사람이라 근일에 들으니 소위 의원이라 하는 자들이 사람을 침을 주어 죽은 사람이 많이 있다니 침이라 하는 것은 당초에 학문이 없는 물건이라 외국서는 의원이 사람의 살을 기계를 가지고 건드리려면 그 기계를 더운 물에 넣고 끓여 그 기계에 있는 박테리아(독물)가 다 죽은 뒤에 다시 약물에 넣어 아주 염려 없은 후에 비로소 살도 베고 오장을 열고라도 다시 기워 매면 그 사람이 몇 날이 아니 되어 도로 살아나는 것이 묘리인즉 첫째 사람이 어떻게 생긴 것을 알아 베지 않을 물건을 베지 않고 또 베는 기계와 손과 의복과 방과 각색 물건이 다 정하게 하여 박테리아가 죽은 후에 아무일이라도 하게 되면 당초에 사람이 죽는 법이 없는지라 조선 의원은 첫째 사람이 어떻게 생긴 것도 모르는 것이 의원 공부할 때에 죽은 사람을 해부 하나 하여 본 일이 없은즉 어찌 각색 혈관과 신경과 오장육부가 어떻게 놓였으며 그것들이 다 무슨 직무를 하는 것인지 그중에 하나가 병이 들면 어떤 병증세가 생기는지 화학을 모른즉 약이 어찌 효험이 있는지 약을 쓰면 그 약이 어떻게 사람의 몸에 관계가 되는지 도무지 모르고 덮어 놓고 약을 주며 덮어 놓고 침을 주니 이것은 곧 사람을 위태한 데다가 집어 넣는 것이라 정부에서 백성을 위하여 의학교와 병원은 아직 못 세워 주더라도 제일 침 주는 법은 금하여 불쌍한 목숨들이 살 터이요 또 사람이 병이 들면 조선서는 무당과 판수로 굿을 한다 넋두리를 한다 하여 병인이 편안히 잠잘 수도 없게 하며 또 그 굿하던 음식을 병인을 주어 먹게 하여 병이 덧치게 하며 그 까닭에 죽은 사람들도 많이 있으니 우리 생각에는 한성판윤과 경무사가 백성을 위하여 사업을 하려면 침장이와 무당과 판수와 재 올린다는 중들을 엄금하면 그 까닭에 사는 사람이 몇 만 명일 터이요 또 이 노릇 하여 벌어먹는 사람들은 당장은 좋지 않다고 할지라도 얼마 아니 되어 감격한 생각들이 있을 것이 불쌍하고 무죄한 인생들을 속이고 돈을 뺏으며 목숨을 잃게 하는 것이 사람의 마음에 불평할지라 그것을 금하여 주니 어찌 감사치 않으리오 사업이 다른 것이 아니라 여러 사람을 위하여 이롭고 편하도록 하여 주는 것이 사업이니 여간 몇이 원망 있다고 상관할 것 없이 이 몇 가지를 경무청과 한성부에서 하기를 우리는 믿고 바라노라

『독립신문』 1896년 12월 1일자 논설

다소 장황하게 전개되고 있는 이 논설의 초점은 의원들이 제대로 된 교육과정을 밟지 않는다는 것과 침술의 비합리성, 두 가지로 집약된다. 전자는 국가가 의료사업을 총괄해야 한다는 의식, 곧 의학을 둘러싼 제도적 배치에 관한 것이라면 후자는 의학 내적인 문제를 다루고 있다. 논의의 축은 당연히 후자에 집중된다. 첫째는 소독이 제대로 되지 않은 기구를 쓴다는 것. 여기에도 박테리아에 대한 분노가 주요소를 이룬다. 둘째는 해부학에 대해 알지 못한다는 것. 혈관과 신경, 오장육부의 역할에 대해 잘 알지도 못하면서 덮어놓고 처방

을 한다는 것이다. 단적으로 소독과 해부야말로 의학적 기술의 정수라는 것이다.

선교사들과 함께 들어온 근대의학은 이 두 가지를 내세워 일반민중과 한의사 사이의 틈새를 만들어 냈다. 미국 북장로회 의료선교사 에비슨^{Oliver R. Avison}은 선교부 내부의 반대를 무릅쓰고 정식으로 '제중원의학교'를 출범시킨 인물이다. 그는 한국에 부임하던 해(1893)부터 서양에서 중요한 의학교과서로 사용되고 있던 헨리 그레이^{Henry Gray}의 『해부학』^{Anatomy}을 번역하기 시작했다. 해부학은 기술적으로 말하면 외과수술과 관련된다. 당시 선교사들이 시술한 영역도 주로 이 부분에 관련되었다고 한다.<small>김윤성, 「개항기 개신교 의료선교와 몸에 대한 인식틀의 '근대적' 전환」, 55~58쪽</small> 갑신정변 때 일곱 군데나 칼을 맞은 민영익을 외과술을 통해 기사회생시킨 '알렌 신화' 역시 해부학의 신앙에 결정적 역할을 수행하였다.

요컨대 서구 의학은 해부병리학의 얼굴을 하고 이 땅에 도래한 것이다. "16세기 베살리우스(1514~1564) 이래 발달해 온 해부학은 인간의 신체를 해체, 분절화했을 뿐만 아니라 전통적인 질병관을 해체하고 해부병리학을 탄생"시켰으며, "이로써 질병은 객관적으로 인식할 수 있는 '실체'가 되었고 의학은 이러한 실체를 더 빨리 그리고 정확하게 발견(진단)하여 그것을 제거하거나 교정(치료)하는 방향으로 급속히 발전하였다."<small>황상익, 「해부병리학의 탄생 : 베살리우스와 모르가니」, 『한겨레』, 2005년 11월 25일자</small>

푸코에 따르면, 일반적인 통념과는 달리, 해부학은 임상의학의 발전의 거의 최종단계에서 발전했다. "그것은 신체의 표면을 볼 뿐만 아니라 숨겨져 있는 질병의 위치를 드러내기 위해 신체의 표면을 관통하는 임상적 방법을 위한 공간을 마련해 주었다." 개리 거팅, 『미셸 푸코의 과학적 이성의 고고학』, 170~172쪽 다시 말해, 의사에 의해 면밀히 조사되는 표면은 단순히 외적 신체를 형성하는 것만이 아니라 해부학적인 절개에 의해 열려진 부분까지이다. 이러한 과정에서 해부병리학은 질병을 설명하는 가장 확실한 기초로 인지되기에 이르렀다.

그리고 이런 식의 고정관념은 지금까지도 면면히 이어지고 있다. 즉, 많은 사람들이 해부학이야말로 근대 임상의학의 전유물로 간주한다. 시체를 해부해 봐야만 병인을 알 수 있고, 해부를 제대로 못한 한의학은 그저 직관에 의존한다는 식의 통념이 여전히 만연하고 있는 것이다. 드라마 <허준>(원작인 소설 『동의보감』도 마찬가지지만)의 하이라이트가 스승 유의태의 시체를 해부하는 장면인 것도 그런 식의 통념의 산물이다. 하지만 그건 정말 난센스다. 전통의학에서도 시체 해부에는 별 지장이 없었을 뿐 아니라(오히려 군주가 인민의 생사여탈권을 장악하고 있었던 점을 감안할 때, 해부의 기회는 훨씬 더 많았다고 봐야 하지 않을까), 더 중요한 건 시체 해부를 한다고 해서 병의 원인이 한눈에 잡힐 리가 없다는 사실이다! 그런데도 마치 보기만 하면 질병의 비밀이 다 파헤쳐진다고 하는 어처구니 없는 전제가 작동하고 있는 것이다.

드라마 <대장금> 또한 그 점에서는 다소 아쉬운 바가 있다. 모든 것을 다 이룬 뒤에 다시 '길 위에 선' 대장금이 마지막으로 펼쳐 보인의술이 제왕절개였는데, 혹시 여기에도 해부학이 더 진보된 의술이라는 통념이 작동한 건 아닐까 싶어서다. 게다가 한국은 부끄럽게도 OECD 전체 국가 중 최상위권 수준의 '제왕절개율'을 자랑한다. 혹시나 그 장면으로 인해 산모들이 '제왕절개'를 당연한 코스로 받아들이지나 않을까 하는 노파심도 없지 않다.

『동의보감』「내경편」內景篇 첫 페이지에 나오는 '신형장부도'身形臟腑圖는 서양의 근대의학사에서 보이는 해부도와 성격이 완전히 다르다. "이 해부도는 각 기관에 실체를 부여하고, 그 기관 사이의 관계를 유기적으로 이해하도록 한 게 특징이다. 즉 몸 안에서 기의 통로가 어떻게 비롯되며, 그것이 어떻게 오장육부 등 생리작용과 연결되는지를 보여 주기 위한 것이다." 즉, "허준이 중점을 둔 것은 생명의 근본이라 할 수 있는 몸 안의 기와 정신을 수양하는 것이었다. 그것은 살아 있는 신체를 통해서 구현되는 것이지 죽은 시체의 해부를 통해서 이루어지는 것이 아니다."신동원,『조선사람 허준』, 한겨레출판, 2001, 37쪽

그런 점에서 인체는 우주와 소통하는 창이 된다. 천지자연, 또 사계절의 절기, 60갑자 등 우주의 운행과 얼마나 소통할 수 있느냐가 신체의 능력이다. 병이란 그 크고 작음에 관계없이 그러한 소통 자체가 막혀 버린 상태를 말한다. 그러니 당연히 질병과 인체의 어떤 부위가 정확하게 '오버랩'된다는 것이 불가능할 뿐 아니라, 아울러 세균이라는 단 하나의 인자로 환원될 수도 없다. 치유 또한 마찬가지여서 세균을 박멸하거나 병든 부위를 절단하는 것이 아니라, 막힌 것을 뚫어 신체의 전체적 기운이 '통하게'(!) 해주어야 한다.

그러나 임상의학의 도래와 함께 이러한 양생적 배치는 돌연 증발되었다. 이 대목에서 꼭 짚어야 할 사항이 하나 있다. 선교사들이 한의학을 전적으로 부정하기만 한 건 아니었다. 이미 언급했듯이, 서양의술이 해부학이나 외과술에서는 뛰어났지만, 그 이외의 부문, 특히 토착적 질병을 다루는 데 있어서는 상당한 어려움이 있었고, 따라서 그 영역에서는 여전히 한의학에 의존할 수밖에 없었다. 그런데 중요한 건 긍정이든 부정이든 양쪽 모두 한의학의 세계관, 즉 양생적 사유에 대해서는 일절 언급하지 않았다는 사실이다. 즉 그들은 오직 '의술'적 측면, 침이나 약재, 치료법 등에 대해서만 다뤘을 뿐, 그것이 어떤 인식론에 바탕을 두었는지에 대해서는 일절 관심을 두지 않았다. 미국의 의사들이 인디언 주술사들의 치유법에 대해서 그랬던 것처럼. 김윤성,「개항기 개신교 의료선교와 몸에 대한 인식틀의 '근대적' 전환」, 88~91쪽

따라서 한의학이 의학의 영역에서 축출됨과 동시에 양생이라는 원대한 비전은 저 멀리 사라져 버렸다. 이제 의학의 목표는 오직 세균과의 전쟁으로 한정되었다. 똥오줌에 대한 불타는 적개심, 치도와 깨끗한 물에 대한 집착 등, 전염병학과 해부병리학을 중심으로 발전한 근대의학은 근대인의 일상 전반을 장악하면서 '청결강박증'이라는 새로운 질병을 낳기에 이르렀다. 미생물과 인체 내부를 훤히 들여다볼 수 있다는 시각적 자신감이 모든 질병을 그러한 시선 안에 나포하면서 개별신체들 및 질병들의 차이를 모조리 소거시켜 버린 것이다. 유아사망률을 현저하게 떨어뜨리고 평균 수명을 대폭 늘려 준 임상의학의 도입은 2천여 년 동안 이어져 온 양생적 지혜의 포기라는

가혹한 대가를 요구했다. 양생적 비전과 세균과의 전쟁, 이 사이의 거리는 얼마나 먼 것인지.

4. 근대적 '매너'의 탄생

오늘은 우리가 또 조선 사람들을 위하여 몸 가지는 법을 말하노라 조선 사람은 매양 길에 다닐 때에 입을 벌리고 다니니 이것은 남이 보기에 매우 어리석어 보이고 또 사람의 몸에 대단히 해로운 것이 숨을 입으로 쉬면 공기가 바로 부화로 들어간즉 여름에는 공기에 각색 먼지와 눈에 보이지 않는 독한 물건이 바로 사람의 몸으로 들어가니 대단히 해롭고 겨울에는 일기가 추운즉 공기 속에 독한 생물은 적으나 먼지와 찬 기운이 바로 들어가니 부화에 해가 대단히 있는지라 코로 숨을 쉬게 되면 공기가 바로 부화로 들어가지 않고 들어가는 길이 여러 번 꼬부라졌은즉 공기가 부화에 다다를 때에는 공기가 얼마큼 더워졌고 먼지와 독한 생물들은 중간에서 막혀 들어가지 못하게 되었고 또 콧속에 털이 얼마큼씩 있으니 그 털 있는 까닭은 이 먼지와 독한 생물을 중간에서 막으라는 뜻이라 그런 고로 코로 숨을 쉬면 사람의 위생에 대단히 유조하고 또 첫째 입을 다무니 보기에 병신 같아 보이지 않는지라

『독립신문』 1896년 12월 12일자 논설

입 벌리고 다니지 마라, 바보같이 보일 뿐 아니라 몸에도 해롭다.

입을 다물고 코로 숨을 쉬라, 먼지와 독한 생물의 침입을 막기 위해서다. 코로 숨을 쉬면 코털들이 몸에 해로운 것들의 침투를 막아 줄 테니 그나마 다행이라고 한다. 참, 친절하다고 해야 할지 쩨쩨하다고 해야 할지. 아무튼 숨쉬는 것도 중요한 행동지침에 속하게 되었다. 이런! 숨도 마음껏 쉴 수 없다니. 호흡이야말로 몸의 안과 바깥을 연결해 주는 가장 일차적 통로인데. 이제 몸의 안과 밖 사이에 견고한 방어벽이 둘러쳐진 것이다.

이제 개인들이 해야 할 첫번째 임무는 몸의 청결이다. 세균에 대한 적대적 태도는 세균의 담지자가 될 가능성이 있는 개인들에게도 그대로 적용된다. 즉, 물을 끓여 먹고 공기를 맑게 해야 하는 것처럼 개인들은 자신의 몸을 철저히 '소독'해야 한다.

목욕에 대한 대대적인 캠페인이 계몽담론의 한 축을 차지하는 건 바로 그 때문이다. 1888년 박영효가 내정개혁에 관해 올린 상소문을 보면, "혜민서에 우수한 의사를 두어서 의업을 중흥시키고 백성의 생명을 보존할 것. 활인서를 전염병원으로 바꾸고 규칙을 엄격히 하여 다른 사람에게 전염되는 것을 막으며 병에 걸린 사람들을 신중히 치료할 것. 아편과 흡연을 금할 것." "종두법을 실시할 것. 하천을 청결히 할 것. 도로변에 가로수를 심어 공기를 맑게 할 것", 마지막으로 "목욕탕을 설치할 것"김윤성,「개항기 개신교 의료선교와 몸에 대한 인식틀의 '근대적' 전환」, 101쪽을 주장한다. 목욕이 국가적 사업의 일환이 된 것이다.

일기가 차차 더워 오기에 백성들이 병 안 나기를 위하여 요긴한 말을 조금 하노라 집에 병이 없으려면 정한 것이 제일이니 그 정한 일은 곧 선약보다 나은 것이라 …… 첫째 몸을 정하게 하여야 할 터인데 몸 정케 하기는 목욕이 제일이라 매일 사람마다 운동을 몇 시 동안씩 하고 저녁에 목욕을 하고 자면 첫째는 밤에 잠을 잘 자니 좋고 둘째 음식이 잘 내려갈 터이니 체증이 없을 터이라 운동이란 것은 아무 일이라도 팔과 다리를 움직이는 것이 운동이니 걸음 걷는 것과 나무 패는 것과 공 치는 것과 말 타는 것과 배 젓는 것이 모두 운동이니 자기의 형세대로 아무것이나 운동을 할 터이요 목욕하는 일은 다만 부지런만 하면 아무라도 이틀에 한 번씩은 몸 씻을 도리가 있을 터이니 이것을 알고 안 하는 사람은 더러운 것과 병 나는 일을 자취하는 사람이라

『독립신문』 1896년 5월 19일자 논설

이틀에 한 번이라니! 좀 심하지 않은가? 더러우면 병이 난다고 생각하기 때문이다. 물론 그럴 수도 있다. 하지만 그 기준은 사람마다 다 다르다. 날마다 목욕을 하는 게 좋은 경우도 있고, 목욕을 자주 하면 곤란한 경우도 있다. 또 절기와 하루 시간에 따라 가려서 해야 한다. 그런데 위생담론은 체질과 환경에 관계 없이 모두에게 동일한 기준을 요구한다. 그러다 보니 요즘 도시인들은 날마다 한 번씩 샤워를 하지 않으면 살 수 없게 되었다. 심지어 아침, 저녁으로 하는 경우도 있다. 사실 이건 아주 끔찍한 습속이기도 하다. 그 많은 사람들이 날마다 샤워를 한다면 얼마나 많은 물이 소모될 것인가. 또 제대로

된 샤워 시설을 갖추려면 집도 커야 한다. 즉, 그것은 그 자체로 자연에 대한 폭력적 전유이자 사적 소유의 증식을 의미하는 셈이다.

그리고 목욕을 자주 한다고 해서 세균이 박멸되고 질병이 예방되는 건 절대 아니다. 지금 이 시대까지도 사스를 비롯하여 여전히 정체불명의 전염병이 떠도는 것이 그 단적인 증거이다. 게다가 부작용도 적지 않다. 날마다 목욕을 하는데도 알 수 없는 피부병에 시달리는 경우가 있다. 그건 피부가 지나치게 물에 노출되는 바람에 피부막이 얇아져서 일어나는 현상이라고 한다. 한데, 대개는 그럴 경우 목욕을 더 열심히 한다. 피부 자체에 대한 고려가 전혀 없기 때문이다. 이렇듯 목욕 문화는 애초엔 위생담론에 의해 비롯되긴 했지만 의학적 효과보다는 그저 일종의 '도시적 매너'가 되었을 뿐이다.

이런 식으로 근대계몽기의 위생담론은 다양한 차원에서 도시적 매너를 탄생시켰다.

외국 부인을 만나 볼 때에는 예를 사나이에게보다 더 공경하고 부인 앞에서 담배를 먹지 않고 부인 있는 데는 음담과 더러운 물건을 이야기도 아니하며 대소변 같은 말은 당초에 옮기는 것이 실례요 남의 집에 갈 때에 파나 마늘이나 냄새 나는 음식은 먹고 가지 않는 법이요 옷이나 냄새 나는 몸을 가지고는 남의 집에 가지 않고 남 보는데 내 살을 보이는 것이 큰 실례요 남 앞에서 트림하는 것과 하품하는 것과 재채기하는 것이 실례요 재채기는 어쩔 수 없이 할 지경이면 입을 손으로 가리고 아무쪼록 소리 덜 나도록 하고 한 후에 그 사람에게 용서하여 달라고 말하는 법이요 남 앞으로 지나갈 때에 용서하여 달라고 하고 지나가고 …… 남 보는데 코 후비는 것과 이 쑤시는 것, 귀 후비는 것, 머리와 몸 긁는 것과 음식 먹을 때에 소리 나게 입맛 다시는 것과 국물 음식 먹을 때에 소리나게 마시는 것은 모두 실례라

『독립신문』 1896년 11월 4일자 논설

똥오줌에 대해서는 말도 꺼내서는 안 된다, 냄새를 풍겨서는 안 된다, 신체의 생리적 반응은 남 앞에선 절대 보여서는 안 된다 등이 근대적 예의범절로 등장하고 있다. 앞에서 잠깐 언급했듯이, 「변강쇠 가」가 졸지에 사라진 이유도 이와 무관하지 않다. 성기 노출, 노골적 인 욕설, 온갖 질병, 시체에 대한 엽기적 묘사 등 이 모든 건 근대인들 의 매너로는 용납할 수 없는 것들이다. "근대적 에티켓은 성과 관련 된 신체부위의 노출에 야만이라는 딱지를 붙였다." 그와 더불어 "성 기와 성애를 공식적으로 논하는 것이 금지되었다." 신동원, 『호열자, 조선을 습격하다』, 140쪽

물론 근대인들의 의식과 언어에서 그런 더럽고 엽기적인 것들이 사라진 건 절대 아니다. 하지만, 그것은 어디까지나 어둠속에서만 말 해질 수 있을 뿐, '벌건 세상'에서는 절대 말해질 수 없게 되었다. 근 대계몽기까지는 그나마 욕설과 비어, 은어 등이 뒤섞이는 것이 허용 되었지만, 그 이후론 공적 담론의 영역에서 그런 '더러운' 말들이 차 지할 공간은 사라지고 말았다. 일단 신체와 외부의 경계가 작동되자

개인 사이에도 엄격한 경계들이 설정되기 시작한 것이다. '깔끔 떨고 빼질거리는' 세련된 도시인의 탄생이 예고되는 지점이다. 그것은 기본적으로는 신체적 밀착을 통해 불순물들이 뒤섞이는 것을 경계하는 것일 테지만, 거기에서 더 나아가 '말의 질서'를 통제하는 수준에까지 이른다. 더러운 것은 말해서도 안 된다. 예의에 어긋나기 때문이다. 그런데 이 예의를 구성하는 원천은 위생관념이다. 더러운 말은 비위생적이라는. 사실 이건 말도 안 된다. 하지만 이것이 바로 근대적 주체를 구성하는 방식이기도 하다. 이를테면, 말 한마디, 동작 하나마다 일일이 체크해야 제대로 된 국민이 될 수 있다고 본 것이다.

＊　＊　＊

사실 이런 쫀쫀한 매너들을 관통하는 원리는 매우 간단하다. 내부와 외부, 개인과 개인 사이의 엄격한 '거리두기', 바로 그것이다. 모든 개체들은 서로 뒤섞이면 안 된다. 혼란스러운 것은 건강에 해롭다. 분리될 수 있는 모든 것들과는 거리를 두어야 한다! 그것이 세균이든 동물이든 사람이든 혹은 말이든. 그래야 건강해진다.

　　물론 이때의 거리는 어떤 종류의 차이도 만들어 내지 못한다. 그렇기는커녕, 차이의 열정을 소거시켜 모든 개인을 균질적 평면으로 호명하는 기능을 수행한다. 이렇게 분리된 개체들이 밟아 갈 경로는 대략 두 가지 정도다. 국가와 민족, 혹은 계급이라는 새로운 집합적 관계에의 열정적 기투企投가 그 하나라면, 고독과 자의식이라는 '내면의 발견'이 나머지 하나가 될 것이다. 이를테면, 이 시리즈의 2권 『연애의 시대』에서 살핀 '봉구의 열정'과 '구보씨의 권태'로 대변되는 두 가지 코스가 이들 앞에 놓여 있는 행로인 셈이다.

남녀 관계 역시 크게 다르지 않다. 근대의 성윤리는 양생술이 아니라 인종론적 배치 속에 편입되었고, 그와 더불어 다른 종류의 관계와 마찬가지로 최대한 거리를 두고 '재고 또 재는' 계산적 관계가 되어 버렸다. 게다가 이런 금기의 장막을 뚫고 나오는 욕구에 대해서는 병적 징후거나 죄의 일종으로 간주되었다. 『독립신문』의 담론적 주체이기도 한 윤치호의 영문일기가 그 좋은 예가 된다. 윤치호는 아주 많은 페이지에 걸쳐 몽정과 자위행위를 솔직히 털어놓은 다음, 거기에 대해 심각한 죄의식에 사로잡히곤 한다. 성적 욕망을 세심하게 점검하는 초월적 시선을 감지하고 있는 것이다. 어린아이들의 자위행위까지 엄격히 금지된 것도 이때부터다. 어린이는 순진무구해야 하고, 따라서 성욕을 느껴서도, 그것에 대해 상상조차 해선 안 된다. 그것은 무엇보다 건강에 해로울 뿐 아니라, 신에 대한 죄악이기 때문이다. 위생담론과 기독교의 결속이 노골적으로 이루어지는 대목이 바로 여기이다.

요컨대, 근대 초 조선이 문명국으로 진입하기 위해서 반드시 암기해야 할 윤리적 명제를 하나로 압축한다면 이렇게 요약되지 않을까. "몸과 몸 사이에는 가능한 한 최대의 거리를 두시오."(푸코) 이때 거리두기란 타인의 몸뿐 아니라, 자기 자신의 몸에도 적용되는 원칙이다.

5. 맺으며 — '사랑을 위한 과학'

병리학이 도래하면서 사람들의 몸과 마음에는 견고한 장벽이 세워졌다. 외부의 침입을 막기 위해 둘러친 방어벽이 결과적으로는 자신을 그 안에 가두는 꼴이 되고 만 것이다. 그 장벽 안에 갇혀서 사람들은 자연과의 거리, 타인과의 거리, 연인과의 거리가 세련된 도시인의 삶이라고 자명하게 받아들인다. 길거리에 이질적인 것들이 뒤섞여서는 안 되는 것처럼 인간 사이에도 서로 '지지고 볶는' 관계는 허용되지 않는다. 두렵기 때문이다. 고독과 우울이 근대인의 질병이 되는 건 그런 점에서 너무나 당연하다. 이러다 보니, 행복하고 건강하게 사는 방법이 아니라, 덜 불행해지고 병에 덜 걸리는 게 사람들의 목표가 되어 버렸다. 고작 덜 불행해지기 위해 살다니! 이보다 더 초라할 순 없다!

그렇다면, 이 어처구니없는 배치를 바꾸는 방법은 의외로 간단하다. 건강하고 행복하게 살고 싶은가? 그러면 지금 당장 마음의 장벽을 박차고 나와 '거리들'을 지워 버려라. 사람과 사람, 사람과 자연, 사람과 기계, 몸과 마음 등 이 모든 것들 사이에 존재하는 거리들을. 그것이야말로 내 몸을 '나의 것'으로 향유할 수 있는 유일한 길일 터이니.

이런 주제와 관련하여 뇌과학자들의 흥미로운 연구 결과를 하나 소개하고 싶다. 『사랑을 위한 과학』토머스 루이스 외, 김한영 옮김, 사이언스북스, 2001이 그것이다.

20세기 초에 무균육아실의 사망률은 보통 75퍼센트를 상회했고, 적어도 한 가지 이상의 질병에 걸릴 확률은 100퍼센트에 육박했다고 한다. 무균실인데 어째서 이런 결과가 나온 것일까? 뇌과학자들에 따르면, "인간의 생리는 (적어도 그 일부는) 열린 고리 구조이기 때문에, 개인은 자신의 모든 기능들을 지배하지 못한다. 다른 사람으로부터 전달되는 조절 정보가 체내의 호르몬 수치, 심장 기능, 수면 리듬, 면역 기능 등을 조절한다. 이 상호 과정은 동시적으로 진행된다. 한 사람은 다른 사람의 생리 기능을 조절하고, 이 과정에서 자기 자신도 조절을 받는다. 어느 누구도 전적으로 자신의 생리를 조절하지 못한다. 각자의 생리는 다른 사람이 있어야 완성될 수 있는 '열린 고리' 구조이다." 특히 "아기의 생리 구조는 최대한 열린 구조이다. 변연계 조절 작용이 없으면 아기의 생명 유지 리듬은 붕괴되어 죽음에 이를 수도 있"다.

참 놀랍지 않은가? 우리 몸 안에 일종의 공명시스템이 있다는 것이다. 따지고 보면, 이런 점은 일상 속에서도 얼마든지 확인가능하다. 밥을 혼자 먹을 때와 여럿이 함께 먹을 때 그것이 흡수되는 영양의 질이 달라진다든지, 옆사람이 화가 나 있으면 특별한 이해관계가 없는데도 그 기운이 고스란히 전달된다든지. 특히 연애를 할 때 마음이 서로 통하면 기운이 활발하게 돌지만, 그렇지 않으면 바로 옆에 있어도 기운을 추스르기가 어렵다든지. 이런 증상들이 지금까지는 그저 마음작용에 불과하다고 생각했는데, 저자는 실제로 그것들이 생리 구조 안에서 물질적 힘으로 작용한다고 말하고 있는 것이다. 윤리와 물리의 결합, 혹은 사랑의 유물론적 토대라 할 수 있을까.

따라서 이런 양상은 "당위가 아니라 필연의 문제"에 해당한다. 결국, "완전한 자아 충족이란 결국 변연계의 활발한 작용 속에 거품처럼 흩어지고 마는 백일몽에 불과하다. 안정은 자신을 능숙하게 조절하는 사람들을 찾고 그들 곁에 머무는 것을 의미한다."^{이하 인용부분은} 토머스 루이스 외, 『사랑을 위한 과학』, 92~126쪽 사회에서 추방하는 것이 인간이 고안해 낸 것 가운데 가장 잔인한 형벌이 되는 것도 그 때문이다. 집합적 관계에서 강제로 격리되면, 변연계 조절이 불가능해지고, 그것은 엄청난 적막과 공포를 불러올 것이라는 논리다.

눈치챘겠지만, 변연계란 뇌의 한 부분을 지칭하는 명칭이다. "변연계의 초기 목적은 외부세계와 내부 신체 환경을 점검하고 두 세계를 조율하는 것이었다. 보고 듣고 느끼고 냄새 맡는 것과 함께 혈압, 심박, 소화 작용 등의 모든 신체적 매개 변수들이 변연계에 전달된다. 대뇌 변연계는 이 두 가지 정보의 물줄기가 합쳐지는 지점에 위치하여 그것들을 통합하는 동시에, 신체가 외부세계에 가장 적합해지도록 생리 기능을 미세하게 조정한다." 즉 인체가 외부와 소통하는 창인 것. 이들이 말하고자 하는 바는 인간은 집합적 관계 속에서만 행복을 누릴 수 있다는 것이다. 요컨대 "마음과 마음의 간격을 넘나들 줄 아는 동물들에게 변연계 공명은 공동생활로 들어가는 문이다. 우리는 변연계 공명으로부터 발생하는 소리 없는 조화를 거의 의식하지 못하지만 그것은 우리 주변을 가득 메우고 있다."

3장

몸 : 병리학적 테제 2—뇌수를 개조하라

"무섭다, 무섭다 해도 제 자신보다 더 무서운 것은 없네.
제 바른 눈은 용이 되고 왼눈은 호랑이가 되고 혓바닥 밑에는
도끼를 감춰 두었고 팔목을 굽혀서는 활이 되네.
처음 생각은 천진스러운 젖먹이 같다가도 조금만 비뚤어지면
오랑캐로 되고 마는 것일세.
만약 경계하지 않으면 제가 저를 씹어 먹고 긁어 먹고
찔러 죽이고 쳐 죽일 것일세.
그래서 성인이 제 욕심을 절제해서
예절을 따르게 하고 간사한 생각을 막아서 진실한 마음으로
일관하게끔 하는 등 제 자신을 제일 무서워한 것일세."
— 연암 박지원, 「민옹전」閔翁傳

"혁명 이듬해에는 주제와 입장이 서로 상반되는 두 가지
신화가 생겨났다. 그 하나는 국가적 차원에서 조직된 의학이
마치 사제가 신도들의 영혼을 관리하듯 인간의 건강을
다루려고 하는 모습이고, 다른 하나는 아무런 문제가 없는
건전한 사회를 건설하면 질병 자체가 사라지고 말 것이라는
믿음이다."
— 미셸 푸코, 『임상의학의 탄생』

물음 1 언젠가부터 TV를 보면서 영 거슬리는 대목이 하나 있다. 분명 겨울인데 출연진들이 반팔을 입고 나오는 장면이 그것이다. 좀더 예쁘고 섹시하게 보이려는 의도는 알겠지만 몹시 불쾌하고 언짢다. 겨울에 반팔옷을 입고 설치려면 자연이, 그리고 이 도시가 어떤 대가를 치러야 하는지에 대해 눈꼽만큼의 고려도 없다는 생각이 들어서다. 그와 짝하여 여름이 되면 과도한 냉방 때문에 참, 괴롭기 짝이 없다. 특히 지하철과 버스는 냉방서비스가 어찌나 완벽한지 조금 길게 탔다 싶으면 머리가 어질어질할 정도다. 그러다 뜨겁게 달궈진 아스팔트 위에 내려서면, 이번엔 지독한 열기 때문에 또 정신이 없다. 허, 참.

대체 언제부터 우리가 이렇게 천기天氣를 거스르면서 살게 되었을까? 겨울엔 따뜻하고, 여름엔 시원하니 마침내 계절마저 완벽하게 통제하게 되었다고 '환희용약'해야 할까? 어디선가 요즘 애들은 땀구멍이 막혀 있다는 이야기를 들은 적이 있다. 사계절 중에 제대로 땀을 흘릴 기회가 없다 보니 그렇게 됐다는 것이다. 게다가 요즘 아이들은 찬 음식을 매우 좋아해서 엄청난 양의 주스나 우유를 마신다. 그것들은 목과 소화기관을 차갑게 만들어 저항력을 떨어뜨린다. 또 배가 아플 때면 소염진통제를 복용하는데, 소염진통제 역시 몸을 차갑게 식히는 작용을 한다. 뿐만 아니라 한기는 여성들에게도 최대의 적이다. 여성의 생식기관에서 암이 발생하는 이유는 대부분 한기 때문이다. 그러니 냉방 시스템이 얼마나 '반여성적'인 것인지는 더 설명할 필요가 없을 것이다. 한마디로 근대문명이란 한없이 차가운 세상인 것이다. 아토피 같은 난치병도 이런 양상들과 무관하지 않다고 한다. 과연 세상엔 공짜가 없는 법이다.

　자연의 변화를 조금도 허용하지 않으려는 이 가열찬 행진은 언제까지 계속될 것인가? 그것으로 인해 우리들은 또 어떤 대가를 치러야 하는 것일까?

물음 2 "머리는 좋은데, 노력을 안 해서 문제예요." 과외로 생계를 유지할 때, 학부모들한테 자주 들은 말이다. 처음엔 나도 그렇게 생각했다. 하지만 나이가 들면서 문득 알게 되었다. 머리가 좋다는 건 바로 집중력 자체라는 걸. 고로, 공부에 집중할 줄 모르면 그건 머리가 나쁜 거다. 그런데 왜 모든 엄마들은 머리와 노력은 별개라고 생각하는 것일까? 아이큐에 대한 망상 때문이다. 근대 이후 아이큐 지수가 유포되면서 다들 그것을 지적 능력의 유일한 척도로 간주하게 되었다. 그리고 그 이면에는 '두뇌의 특권화'가 자리하고 있다. 두뇌가 다른 기관들을 좌지우지한다는 관념에 침윤되어 있는 것이다. 그래서 일단 아이큐가 높게 나오면 누구든지 실제의 학업 능력과는 무관하게 상당한 우월감에 사로잡힌다.

　그러고 보니 나도 고등학교 시절 어떻게든 내 아이큐가 나쁘지 않다는 걸 강조하고 싶어했던 것 같다. 시험 전날 나름대로 열심히 하고도 친구들한테는 공부를 전혀 안 했다고 거짓말을 하곤 했다. 그렇게 공부하고도 시험성적이 나쁘면 혹시라도 머리가 나쁘다는 소리를 듣게 될까 두려웠던 것이다. 머리가 나쁨에도 불구하고 계속 정진할 수 있다는 건 미덕 중의 미덕인데 말이다.

설령 아이큐라는 지수가 결정적 요인이 된다 하더라도 그것이 제대로 '돌아가려면' 다른 기관들이 활발하게 움직여야 한다. 아이큐가 높은데, 신체적 능력capacity이 부실한 사람들은 아주 위험하다. 머리는 앞서는데 뒷심이 없기 때문에 본의 아니게 무책임한 말과 행동을 반복하게 된다. 그럼에도 자신의 능력을 정면으로 직시하기가 힘들다. 왜? 머리가 좋으니까. 지겨운 악순환!

이 모든 것이 두뇌가 특권적으로 자립하면서 생긴 망상들이다. 이 망상들은 무엇보다 신체를 소외시킨다는 점에서 문제적이다. 한마디로 뇌와 몸이 '따로 노는' 격이다. 아이큐의 망상에서 벗어나 두뇌와 다른 기관들이 능동적으로 화해하는 길은 없을까?

1. '사스'에 대한 단상

2003년 4월 중순 약 2주에 걸쳐 후배들과 함께 중국여행을 다녀왔다. 『열하일기, 웃음과 역설의 유쾌한 시공간』 초판을 낸 직후였다. 선양瀋陽에서 출발하여 베이징에 들어간 뒤, 열하로 갔다가 다시 베이징을 거쳐 돌아오는 여정이었다. 공교롭게도, 이 기간은 '사스 공포'가 중국 전역으로 확산되는 절정기였다. 하필 그 시기에 여행을 했느냐고 질책하는 이들도 있었지만, 나로서는 우연찮게 의료권력의 실체를 생생하게 목도하는 행운(?)을 누린 셈이다.

처음 베이징에 입성했을 때는 마스크를 쓴 사람들이 거의 없었다. 20대 여성들이 마스크를 하고 있는 장면이 가끔씩 눈에 띄었을 뿐, 그 이상의 '이상 기류'는 전혀 감지되지 않았다. 미리 준비해 간 엽기적 스타일의 방독면형 마스크는 꺼낼 생각조차 하지 못했을 정도로 베이징은 '태평천하'(!)였다.

그러나 이틀간의 열하 답사를 마치고 다시 베이징에 들어가는 순간 상황은 급반전되었다. 거리엔 마스크의 행렬이 이어졌고, 사람들이 운집하는 큰 시장을 비롯하여 극장, 심지어 식당이나 사찰까지 으스스한 안내문과 함께 문이 닫혔다. 베이징에서 가장 번화하다는 왕푸징王府井 거리에도 우리 같은 '물정 모르는' 관광객 몇몇이 전부였을 정도다. 계엄령을 방불케 하는 긴장감이 도시 전체를 짓누르고 있었다. 그간 무사태평으로 대처하던 중국 공산당이 인터넷을 중심으로 한 국제여론에 밀려 '사스와의 전쟁'을 선포한 것이다.

점입가경으로, 국내 상황은 살벌하다 못해 흉흉하기 짝이 없었다. 단 한 명의 환자도 출현하지 않았음에도, '사스'에 대한 괴담은 이라크 전쟁뿐 아니라, 북한 핵 문제까지도 집어삼키는 블랙홀이 되어 있었다. 마치 중국보다 더 근대화되었다는 것을 전 세계에 과시라도 하려는 듯 의료권력과 위생담론이 공포와 충격의 스펙터클(!)을 연출하고 있는 참이었다.

임상의학은 말한다. 질병의 원인은 세균이다. 세균은 외부에서 침입한 '적'이다. 따라서 병을 치료하기 위해서는 세균을 박멸할 무기를 개발하면 된다. 그러므로 세균과의 전쟁이 선포되는 순간, 모든 시민들은 이런 식의 논법을 아무런 의심없이, 전폭적으로 받아들인다. 아니, 권력의 감시와 통제가 강화될수록 더더욱 고분고분해진다. 의료체계의 보호를 받는다는 안도감에 자신의 몸을 맡겨 버리는 것이다. 졸지에 모든 사람들로 하여금 마스크를 쓰게 하고, 일상적 활동을 전면 보류하게 만드는 이 그로테스크한 상황은 바로 이런 권력의 배치하에서만 가능하다.

사스는 폐렴형 감기다. 전염성은 오히려 일반 감기보다 낮다. 상식적으로 생각해 보자. 감기는 면역력이 떨어진 사람에게 생기는 질병이다. 면역력을 높이려면? 잘 먹고 푹 자고, 적당히 운동을 하면 된다. 하긴 어디 감기뿐이랴. 대부분의 병이 잘 먹고 잘 자고 적당히 운동하면 낫게 마련이다. 그런데 이렇게 하려면 스트레스를 받지 말아야 한다. 스트레스는 전적으로 관계가 막히는 데서 온다. 인간과 외부, 인간과 인간, 조직과 조직, 장기와 장기, 몸과 마음 등등, 스트레스란 이런 관계들이 원활하게 소통되지 않을 때 생기는 것이다. 스트레스가 쌓인다는 건 결국 몸 어딘가에 기운이 꽉 막혔다는 걸 뜻한다. 그렇다면 막힌 것을 "통하여 흐르게 하는"[通流] 것이 병에 대한 예방인 셈이다.

그런데 의료시스템이 전격 가동되는 순간부터 사회는 정반대로 움직이기 시작한다. 강박적으로 손을 씻어 대고, 집에 틀어박혀 '떨고' 지낸다. 당시 베이징에선 대학이나 극장, 공원 등 모든 공공장소가 닫혀 버렸다. 사람들이 만나고 접속할 공간을 모두 차단해 버린 것이다. 세균을 멀리하기 위해 안간힘을 쓰는 것에 비례해 사람들 사이의 간극도 더더욱 벌어진다. "통하여 흐르게 하는" 것이 아니라, 더

더욱 막히게 하는 것이다. 사실 이보다 더 큰 스트레스는 없다. 그런 점에서 전염병은 전쟁보다도 더 무섭다. 전쟁시는 최소한 아군들끼리는 뭉치려고 하지 않는가? 하지만 미생물이라는 보이지 않는 적과 싸울 때는 '모든 보이는 것'들을 적으로 삼아 버린다. '뭉치면 죽고, 흩어지면 산다.' 이것이 질병에 대처하는 근대인의 슬로건이다. '거리를 유지하라'는 병리학적 테제가 가장 극단적으로 실현되는 상황이 바로 이때다.

요컨대, 베이징과 서울에서 내가 목도한 것은 바로 20세기 초 서구와 함께 이 땅에 도래한 근대 위생권력의 생생한 '얼굴'이었던바, 이 장은 바로 그 현장에 대한 계보학적 탐사를 목표로 한다.

2. 전염병, '생체권력'의 장

병리학의 제도적 정착은 일차적으로 전염병학에 기초한다. 전염병이 인구조절에 큰 영향을 미치기 때문이다. "생물정치[생체정치]는 인구에 관심이 많다. 정치적이며 동시에 과학적인 문제, 생물학적 문제이면서 동시에 권력의 문제로서의 인구가 생겨"미셸 푸코,『"사회를 보호해야 한다"』, 283쪽난 것이다. 그러므로 콜레라, 장티푸스, 천연두 등 급격한 인구감소를 가져오는 질병들이 의료권력의 주타깃이 되는 건 지극히 당연하다. 아울러 전염병의 예방과 치료는 일반 국민들에게 임상의학의 위력을 확실하게 과시할 수 있는 좋은 기회이기도 했다.

호열자(虎列剌)

『황성신문』은 대한제국기의 핵심매체 가운데 하나다. 이 신문은『독립신문』에 비하면 위생담론이 상대적으로 빈곤하다. 그런 가운데서도 집중적으로 조명되는 '의료 사건'들이 있다. 괴질, 곧 전염병의 습격이 그것이다.

먼저 콜레라. 느닷없이 다가와 순식간에 마을을 덮쳐 남녀노소, 계층을 막론하고 죽음으로 인도하는 질병. 여기에 걸리면 "다리에서 경련이 일어나기 시작해 온몸을 비틀고, 입으로는 모든 것을 토하고 설사가 멈추지 않는다. 심장이 약해지고, 사지가 차갑게 식고, 정신이 오락가락 하다가 이윽고 숨을 거둔다."신동원,『호열자, 조선을 습격하다』, 19쪽 오죽하면 호열자虎列剌, '호랑이에게 찢겨 죽는 것 같다'는 이름을 붙였을까.

조선사회를 주기적으로 덮쳐 사람들로 하여금 공포와 재앙을 겪게 했던 이 질병은 20세기 초까지도 그 위세가 조금도 수그러들지 않았다. 1879년 일본을 거쳐 부산에 들어온 것을 시발로 하여, 1886년 여름, 1895년 여름을 거쳐, 1902년 늦여름 또다시 전국을 공포의 도가니로 몰아넣었다.

　　衛生揭示(잡보, 1902년 7월 15일자)
　　　위 생 게 시

　　怪疾消息(잡보, 1902년 7월 21일자)
　　　괴 질 소 식

　　飭除汚穢(잡보, 1902년 7월 28일자)
　　　칙 제 오 예

防疫開議(잡보, 1902년 7월 28일자)
방 역 개 의

衛生設院(잡보, 1902년 7월 29일자)
위 생 설 원

稱怨於誰(잡보, 1902년 7월 30일자)
칭 원 어 수

兼任衛生(잡보, 1902년 8월 2일자)
겸 임 위 생

虎疫憂延(잡보, 1902년 8월 9일자)
호 역 우 연

『황성신문』 '잡보'란에 실린 단신 기사의 제목들이다. 흡사 사스가 중국을 휩쓸 때를 연상시키듯, 호열자 관련 속보가 이어지고 있다. 호열자는 처음 중국 본토에서 시작하여 일본, 시베리아 등지까지 번졌는데, 7월에 들어서면서 마침내 조선에까지 퍼져 의주·진남포·성진·원산·부산 등 항구지역을 중심으로 퍼져나가면서 많은 인명피해를 낳았다. 정부는 항구와 시장을 중심으로 검역소를 설치하는 한편, 경무청에 임시위생원을 두어 대책을 마련코자 하였다. 『황성신문』에서도 3차례에 걸쳐 호열자 예방법을 자세히 일러주는 논설과 잡보기사를 내보내고 있다. 1902년 7월 24일자 논설 「호열자예방법」, 1902년 7월 25일자 논설 「호열자예방법(속)」, 1902년 7월 31일자 잡보 「호열자예방」

이런 다방면의 노력에도 불구하고 호열자는 쉽게 가라앉지 않았고, 엎친 데 덮친 격으로 가을이 되면서 장티푸스까지 번져 사망자는 더욱 늘어만 갔다.

전염병의 생성 소멸은 환경뿐 아니라, 기후나 절기의 변화와 밀접한 연관관계가 있다. 그러나 병리학은 전염병의 원인을 오로지 세균의 문제로 환원한다. 그렇기 때문에 각종 위생 규칙 및 의료제도들이 강력한 힘을 발휘하게 된다. 결국, 호열자나 장티푸스가 휩쓸 때마다 근대 위생권력은 그것을 자신의 영토를 확보하는 발판으로 삼았다. 예컨대 위생국이나 방역제도, 청소시스템 등이 모두 전염병 발병의 결과로 설치되었고, 이후 지속적으로 영향을 행사하게 된 것이다. 말하자면 이전에 서구인의 시선을 통해 개별적이고 산발적으로 유포되었던 병리학적 담론이 전염병을 빌미로 본격적으로 제도의 영역으로 흡수된 것이다.

사실 『황성신문』에 실린 호열자 예방법이라는 것도 그다지 특기할 사항이 없다. 조선의 거리와 물, 의복, 음식, 측간 등이 불결하기 때문에 병균의 온상이 될 수 있으니, 깨끗하게 치우자는 것 정도에 불과하다. 결국 『독립신문』과 마찬가지로, 청결 말고는 달리 대책이 없었던 것이다. 그럼에도 이런 논리는 사람들의 일상과 신체를 재조직하는 데 결정적인 영향을 미쳤다. 제도의 권위에 눌려 개별구성원들이 그러한 규율들을 스스로 내면화하기 때문이다. 사스가 휩쓸 때를 떠올리면 그 점을 쉽게 이해할 수 있을 것이다. 그때도 오직 손을 씻어라, 사람들이 많이 모이는 곳을 피해라, 주변을 청결하게 해라 등 무력하기 짝이 없는 예방책밖에 없었음에도, 사람들은 기꺼이 권력의 명령에 복종하지 않았던가.

우두법

생체권력이 더욱 본격적으로 가동된 것은 호열자보다 천연두였다.

호열자가 느닷없이 휩쓸고 지나가는 병이라면, 천연두는 일상적으로 대다수가 겪는 병이라 그에 대한 예방은 한층 중차대한 과제였다.

특히 대한제국기는 우두법이 정착하는 과정에서 매우 중요한 시점이다.* 갑오개혁의 일환으로 전 국민의 의무접종을 규정한 「종두규칙」과 인력의 양성을 위한 「종두의양성소규칙」이 반포되었고, 1899년까지 53명의 종두의사가 양성되어 전국 각지에 파견되어 활동에 들어갔다. 그리고 1900년 이후 전국적으로 매년 몇 만 명 이상이 종두 접종을 받았으며, 해마다 계속 증가되는 추세를 보였다. 조선의 보건사업을 높이 평가하지 않았던 일본조차도 이 시기 종두법에 대해서는 유일하게 성과를 인정할 정도였다.신동원, 「한국 우두법의 정치학: 계몽된 근대인가, '근대'의 '계몽'인가」, 155쪽

하지만 그것이 민간에 정착하기까지는 적지 않은 갈등과 난관이 있었다. 서민들은 이전부터 내려오던 나름의 치유책들이 있었기 때문이다. 인두법人痘法, 시두법時痘法 등이 그것이다. 말하자면 국가에서는 우두법의 일방적 우위를 선포하고 적극 권장했지만, 민간에서는 그것을 별로 신뢰하지 않았던 것이다.

---

* 신동원, 「한국 우두법의 정치학: 계몽된 근대인가, '근대'의 '계몽'인가」, 『한국과학사학회지』 22권 2호, 2000. 이 논문에서 저자는 19세기 조선의 우두법 정착의 단계를 다섯 가지로 나누고 있다. 첫째는 개항 이전에 우두법이 비공식적으로 소개된 시기. 둘째는 개항 직후 몇몇 우두법 학습자가 민간 차원에서 우두법을 시술한 시기(1876~1884). 셋째, 정부 차원에서 전국의 영아를 대상으로 의무접종을 실시했으나 큰 성공을 거두지 못했던 시기(1885~1893). 넷째는 갑오개혁-대한제국 전반기로 조선 정부가 우두법을 전국적으로 시행했던 시기(1894~1905). 다섯째는 통감부에서 경찰을 활용하여 우두법을 강제적으로 시행한 시기(1906~1910).

우두법은 소의 고름(백신)을 이용한다는 점, 외과용 칼을 쓴다는 점, 훨씬 정량적인 기구를 사용한다는 점에서 분명 전통적인 인두법과는 상당한 차이가 있었다. 그리고 훨씬 효과적이긴 했지만, 또한 몇 가지 면에서 분명 한계가 있었다. 예컨대 우두법은 예방에는 강력했지만 병에 걸린 자에 대해서는 아무런 조처도 취하지 못했다. 그러다 보니, 불행히도 당시에는 우두 접종자 중 천연두 발생자가 적지 않았다. 접종의 효과를 높이기 위해서는 2차, 3차 접종이 필요했지만 그것이 제대로 되지 않았기 때문에 1차 접종자 중 천연두에 걸린 자가 적지 않았던 것이다. 사람들은 이를 접종의 미비 때문에 생긴 것으로 보지 않고, 접종 때 생긴 병의 여독 때문에 그렇게 된 것이라 믿었다.신동원, 앞의 글, 160~163쪽 문제는 이런 정황을 도통 고려하지 않은 채, 일방적으로 우두를 찬미, 강권하고 있다는 데에 있다.

우두법의 정착과 관련해서 주목해야 할 또 한 가지는 무속에 대한 것이다. "단지 현상만을 놓고 본다면, 굿을 해서 살아남은 영아는 전체의 80퍼센트에 달했다. 게다가 무속적인 설명 방식은 성공과 실패를 모두 만족시키는 자족적인 것이었다. 이런 구도 안에서 살아나면 다행을 부르짖었고, 행여 죽게 되면 운명의 틀 안에서 슬픔을 접을 수 있었다. 말하자면, 무속적 세계관은 통제할 수 없는 자연에 대한 설명의 틀로 작동했으며, 무당은 사회의 주변부에서 역병과 죽음을 치러내는 허드렛일을 담당했다."신동원, 같은 글, 165쪽 따라서 우두법을 전파해야 하는 이들에겐 한의사보다 무당이 더 큰 걸림돌이었다.

이미『독립신문』에서부터 무당에 대한 대대적인 배척 운동을 벌인 바 있고, 그 기조는 『황성신문』에서도 크게 변함이 없다. 전자가 과학과 근대의학이라는 잣대에 근거하고 있다면, 후자의 경우, 『대명률』大明律이나 국전國典(『경국대전』) 등 조선의 정통법률을 끌어들인다는 차이가 있긴 하지만, 민간에서 병이 들면 의사가 아니라 무당을 찾는 풍조에 대해 강경한 어조로 비난하는 것은 『황성신문』의 주체들도 마찬가지였다.『황성신문』 1902년 5월 21일자 논설 「논무축주양지금」論巫祝呪禳之禁 당시 경무사 이용익이 직접 나서서 무속을 엄금하는 조처를 취하기로 했다는 내용이 있는 것으로 보아 이 시기부터 무속의 제도적 배제가 본격적으로 시행되었음을 짐작케 한다. 근대와 무속의 갈등에는 다양한 국면이 있지만, 이 시기엔 특히 우두법의 정착이라는 사안과 맞물려 더욱 첨예하게 진행된 면이 없지 않다. 그만큼 천연두와 무속적 치료는 긴밀한 연관관계 안에 있었던 것이다.

3. 너의 몸은 국가의 것이다?

대한제국기는 호열자와 장티푸스, 그리고 천연두를 예방하기 위한 국가적 장치가 마련되는 시점이었고, 그것을 발판으로 위생담론이 보통사람들의 일상과 신체에까지 뿌리 내리기 시작한 시기라 할 수 있다. 이때부터 소위 '생체권력'이 가동되기 시작한 셈이다. 하지만 이것은 말 그대로 시작에 불과했다. 1905년 을사보호조약 이후, 통감부 주도하에 식민통치가 시작되면서 위생권력은 더욱 튼실한 토대를 다지게 된다. 그에 대한 가장 생생한 보고서가 『대한매일신보』다.

　『대한매일신보』의 위생담론은 크게 두 가지 지층을 지닌다. 하나는 식민권력이 위생제도를 통해 조선인들을 병리학적 신체로 만들어 가는 측면이고, 다른 하나는 계몽주체들이 병리학을 민족담론 내부에 적극 '포획, 전유하는' 측면이다. 둘은 마치 '샴쌍둥이'처럼 등은 공유하되 얼굴은 서로 반대쪽을 보고 있다.

청결비

위생과 의료는 식민권력이 가장 일상적으로 자신의 위용을 과시할 수 있는 장이었다. 그것은 제국의 시혜를 표현하는 문명적 지표이면서 동시에 식민지 민중의 신체를 확실하게 틀어쥘 수 있는 통치의 영역이었다. 이런 맥락에서 통감부는 그 이전에 말로만 떠돌던 제도와 정책들을 하나씩 구체화시켜 나갔다.

　먼저, 통감부는 '문명의 이식자'로서의 임무를 수행하기 위해 각 지역에 현대식 병원을 설립했다. 1907년 서울 한복판에 초현대식 건물에 최고의 의료진을 갖춘 대한의원을 창설하는 한편, 1909년에는 지방 곳곳에 자혜의원을 설치하기 시작하여, 이후 한국강점이 완료되는 1910년 9월, 전국 13도에 각각 하나씩 설립을 완료하였다. 대한의원이 첨단의 의술로 최고의 권위를 자랑하는 곳이었다면, 자혜의원은 그것을 방방곡곡에 전파하는 메신저였다고 할 수 있다. 신동원, 『호열자, 조선을 습격하다』, 241쪽 아울러 위생경찰을 내세워 신체를 병리학적으로 전유하기 위한 작업을 시행해 나갔다. 위생경찰이란 경찰이 의료와 관련한 법의 집행을 담당하는 것을 말한다. 18세기 후반 오스트리아와 독일에서 연원한 위생경찰제도는 메이지 유신 때 일본에 수입되었고 갑오개혁 이후 조선에도 그대로 이전되었다. 통감부 설치와 더불어 일본제국의 위생경찰이 그 일을 떠맡게 되면서 본격적으로 임무를 수행하기 시작한 것이다.신동원, 『호열자, 조선을 습격하다』, 65~66쪽

위생경찰의 주력 사업은 분뇨 수거와 변소 개량, 위생비 수거 등이었다. 이 사안들은 김옥균, 박영효 등 초기 급진개화파들에 의해 주장되어 왔던 것이고, 대한제국기에도 나름대로 제도적 정착을 위해 노력해 왔던 사항이다. 하지만 이제 상황은 급박하게 돌아갔다. 그것은 더 이상 권장사항이나 선택사항이 아니었다. 법을 따르거나 아니면 처벌을 받거나. 둘 중의 하나밖에 없었다. 『매천야록』梅泉野錄에선 이 상황을 이렇게 전달하고 있다. "서울에 일본인들이 청결비를 징수하는데, 가옥에 대해 매 칸에 2전씩 받아 성화같이 재촉하니, 사람들이 매우 괴롭게 여겼다."황현, 『역주 매천야록』(하), 임형택 외 옮김, 문학과지성사, 2005, 533쪽 느닷없이 변소를 개량해야 했고, 분뇨수거를 강요당했으며 다시 청결비를 징수당하는 것도 기가 막힌데, 농사짓는 데 거름이 필요하면 다시 돈을 주고 거름을 사와야 하는 어처구니없는 상황이 벌어진 것이다. 이것은 당하는 처지에서는 도저히 납득하기 어려운 일이었다. 경제구조는 달라지지 않는데, 일상을 둘러싼 배치를 외적 척도에 맞춰 강제적으로 바꾼 셈이기 때문이다. 그 결과, "똥구멍이 원수로다", "위생위생 원수로다", "위생이 고생"이라는 탄식이 그

치지 않았다.

이런 문제를 집중적으로 다룬 매체가 『대한매일신보』의 '시사평론'란이다. '시사평론'이란 '잡보'란 중 사회적 이슈에 해당되는 기사이다. 당대의 가장 첨예한 문제들을 풍자와 반어, 해학과 비장 등 미학적 효과를 다이내믹하게 활용한 매우 독특한 표현 형식이다. 가사형 운문으로 조직되어 있기 때문에 '계몽가사'라고도 부른다.이 계몽가사만 모아서 만든 자료집이 강명관·고미숙 편, 『근대계몽기 시가 자료집』 전3권, 성균관대 출판부, 2000이다.

이 작품들이 보여 주는바, 일본순사들의 위생사업은 한마디로 임의적이며 폭력적이었다. 위생비 독촉은 말할 것도 없고 똥통을 잘못 놓았다고 낙태를 시키질 않나 문앞 청소를 하지 않았다고 구타를 하질 않나 아니면 심지어 과부를 매음녀로 잡아 검사를 하질 않나 등등. 이 지경이니 집값이 폭락하고 장사에 치명적 타격을 입는 건 말할 나위도 없다. 한마디로 일상의 재조직화가 폭력적으로 수행되고 있는 것이다. 『대한매일신보』 '시사평론'에는 이러한 고발기사가 끊임없이 이어졌다.

이러한 힘의 자의적 행사는 전적으로 병인체론이라는 과학에 기대고 있다. 질병의 원인은 특정세균이고, 세균은 더러운 환경 속에서 배양된다는 확고한 믿음이야말로 청결과 위생이라는 기치 아래 일상을 인위적으로 통제, 관리할 수 있는 명분을 제공해 준 것. 따라서 전염병이 유행할 때 위생경찰의 힘이 더욱 막강해지는 건 지극히 당연한 이치다.

피병원(避病院)

1907년, 1909년에 또다시 콜레라가 광풍처럼 지나갔다. 『매천야록』의 기록을 참조해 보자.

> 1907년
> 서울에 전염병이 발생하여 검역소를 설치하였다. 토속에서는 '괴질'이라고 부르는 것이며, 서양 사람들은 '호열자' 혹은 '흑사병'이라고 부르는 종류였다. 이로부터 전염병이 발생할 때마다 바로 관원을 선발하여 검사하고 방역하는 방도를 시행하였으니, 이름하여 검역이라고 하였다. 그러나 구제한다고 하는 것이 해를 끼치는 데 알맞은 것이었다. 황현, 『역주 매천야록』(하), 438쪽

> 1909년
> 괴질이 청국 안동현에서 관서 지방으로 들어왔는데, 그 병명은 '호열자'라고 하기도 하고, 또 '흑사병'이라고 하기도 하는 것이었다. 황현, 앞의 책, 588쪽

서울에 전염병이 크게 돌아 우리나라 사람으로 사망한 자가 1,500여 명이고, 일본인 또한 수백 명이 죽었다. 전염병은 의주에서부터 철로를 따라 곧바로 서울에 들어왔는데, 그 병에 걸린 사람은 물설사를 두 번만 하면 바로 죽었다. 이렇게 2차를 넘기면 치료가 되어

병이 나았다. 일인들은 그 병을 매우 두려워하여 순사를 보내 집집마다 조사하여 신음하는 자가 있으면 병원으로 실어 가고 그 집 사람이 따라가 간호하지 못하게 했다. 그래서 횡사자가 많아 서울 안이 크게 소란하여 난리가 난 것 같았다. 한 달 남짓해서야 비로소 수그러들었다. 앞서 기묘년(1879)에 서울에 전염병이 크게 돌아 1만여 명이 죽었고, 병술년(1886)에도 전염병이 크게 돌아 수만 명이 죽었다. 그렇지만 백성들이 각자 치료하다가 제각기 죽었던 까닭에 민심은 안정되었으며, 횡사자도 적었다. 이때에는 일본인이 검사하는 것으로 말미암아 민심이 흉흉한 것이 기묘년과 병술년보다 열 배가 더 하였으나 실제로 사망자는 기묘년과 병술년에 비해 십분의 일도 안 된다고 하였다. 방역비는 19만 원에 이르렀고, 경우궁景祐宮을 피병하는 곳으로 삼았다. 황현, 같은 책, 595쪽

매천 황현이 증언하는 바에 따르면, 위생경찰의 주요 임무는 검역의 강화와 환자의 피병원避病院; 전염병 환자를 격리 수용하는 병원 격리, 두 가지였다. 하지만 방역은 명분에 불과했다. 당시 의학의 수준에서 콜레라를 근원적으로 막을 수 있는 방도는 별로 없었기 때문이다. 석탄산수로 소독을 하는 이상의 대처법이 없었던 것이다. 그런 까닭에 매천도 지적하고 있듯이, 검역을 한답시고 실제로는 더 많은 피해를 주었으며 피병원으로 강제격리를 시도함으로써 민심은 더욱 흉흉해졌다. 그리고 피병원은 치료소가 아니라 강제수용소나 다름이 없었기에 노숙자들이 아니고는 누구도 가고 싶어 하지 않았다. 결국 총칼과

법을 동원하여 환자를 빼앗다시피 하거나 혹은 환자가 아닌데도 끌려가는 일이 벌어지곤 했던 것이다.

『대한매일신보』에는 이 상황이 이렇게 기록되어 있다.

삼각산아 물어 보자 콜레라가 발생하매 죽는 수를 비교컨대 한인들이 더 많으니 그것 무슨 곡절인가 위생예방하는 것도 다소 관계 있지마는 어떤 병을 물론하고 지옥 같은 피병원에 한번 잡혀 가고 보면 죽고 마는 까닭이지

『대한매일신보』 1909년 9월 25일자 시사평론

금역순사 행위 보소 한일순사 몰려가며 괴질검사 한다 하고 배 앓는 자 두통 난 자 배고픈 자 술취한 자 분별 않고 움켜다가 피병원에 몰아간다 곳곳마다 원망하니 알 수 없다 그 순사들 어찌 그리 열이 났노 괴이할 것 무엇 있나 병인 1명 찾아내면 상여금이 2환일세

『대한매일신보』 1909년 10월 12일자 시사평론

심하다! 아무나 막 잡아가는 것도 그렇고, 병인 한 명당 2환씩 수당을 준 것도 그렇고. 말하자면, 검역소와 피병원은 의료권력이 방역을 명분으로 조선인의 신체를 좌지우지할 수 있는 힘의 각축장이었다. 따라서 식민권력은 전염병이 한번 휩쓸고 지나갈 때마다 조선인의 신체와 일상을 통제할 수 있는 영역을 더욱 확장했던 셈이다.

우두법의 강제적 시행 역시 마찬가지 맥락에 있다. 대한제국기

에 상당한 성과를 올린 분야이긴 하지만, 이때부터는 황제가 의사를 불러 직접 종두를 시술하거나 종두를 원하지 않을 경우 총칼로 협박을 가하는 등 힘의 직접적 행사가 가해진다. 병인체론이 그 권력에 정당성을 부여하는 무기였던 것은 말할 나위도 없다. 앞서 언급한 대한의원이 그 무기의 제공처 역할을 하였다. 그런 점에서 위생권력은 일종의 '앎의 권력'이기도 하다.

이와 더불어, 질병을 둘러싼 복잡한 조건들, 예컨대 기후나 절기, 체질과 성정 등은 의학적 시야에서 일거에 사라지고 말았다. 투명하게 포착되지도 않고, 측정가능하지도 않은 것들이기 때문이다. 죽음이 내팽개쳐진 것도 같은 맥락에서이다. 근대 이전에는 괴질이 휩쓸때면 사회 전체가 천지자연의 흐름을 파악하기 위해 총력을 기울였고, 그와 더불어 죽음이 삶의 한가운데로 들어오는 계기가 되었지만, 병리학은 정확히 그와 반대 방향으로 작동했다. 즉, 세균박멸에 총력을 기울이는 동시에 죽음을 철저히 일상과 분리시켜 버렸다.

푸코의 말처럼 근대권력은 죽음을 알지 못한다. 오직 살아 있는 신체만을 주목할 뿐이다. 검역제도와 피병원의 폭력적 구조는 권력의 그 같은 의도를 적나라하게 표현해 주고 있었다.

매음녀의 몸, 여성의 몸

전염병이 '오랜 전통을 자랑하는' 질병이라면, 성병은 새로운 시대의 징후이다. 『대한매일신보』를 장식하고 있는 주요 이슈 가운데 매음녀에 대한 것을 빼놓을 수 없다. 이 시기에 오면 서울에서만 매음녀가 5천 명이 넘을 정도로 매춘사업은 크게 성행하게 된다. 그런데 이들은 성의 상품화를 실현하는 존재이면서 동시에 성병의 잠재적 보균자이기도 하다. 당연히 위생경찰의 관리와 통제를 받아야 한다.

경찰관의 말들은즉 한성 안에 매음녀로 지금 검사 받는 외의 은군자은근짜로 칭호하고 비밀매음 하는 자가 오륙천 명 넘은지라 미구 검사 한다 하니 놀랍고도 가련하다 붓을 잡고 기록하여 두어 마디 경고하세

......

매음녀야 매음녀야 여자 행신 하는 법이 수족 잠깐 남 뵈어도 욕보았다 할 터인데 매음녀로 붙잡히면 병이 있나 검사할 제 깊이깊이 감춘 몸을 생전 초면 남자에게 해괴망측 다 내뵈니 가련하다 네 신세여

『대한매일신보』 1909년 3월 31일자 시사평론

『독립신문』의 성담론이 주로 남녀의 결연 과정을 둘러싼 풍속과 매너에 관한 것이라면, 『대한매일신보』의 성담론은 매춘과 성적 타락에 대한 경계가 주 내용을 이룬다. 성병은 삶 속에 미끄러져 들어와 그것을 파먹어 점진적인 죽음에 이르게 하는 것이어서 갑자기 덮치는 죽음인 전염병보다 더 위험하다. 더구나 성은 인구 번식 및 사회 윤리와 직접적 연관성을 지니는 것이라 엄격하게 통제되고 관리,

조절되어야 했다.

못살겠네 못살겠네 나는 진정 못살겠네 남녀간에 짝을 지어 서로
살림 하는 것이 위생상에 무해인데 유부녀의 매음함은 치지불문
하면서도 과부되어 개가코저 한두 남자 선본 것을 매음녀로 잡아
다가 병 있다고 검사하니 경위없어 못살겠네
『대한매일신보』 1909년 4월 16일자 시사평론

구체적 사건이 뭔지는 잘 모르겠지만, 당시엔 유부녀도 매음에
참여했다는 것, 아마도 그걸 과도하게 수사를 하다 멀쩡한 과부를 데
려다 성병검사를 한답시고 설쳐 댔던 것 정도는 미루어 짐작할 수 있
다. 즉, 성의 상품화가 가속화되는 한편, 그와 동시에 일상의 성윤리
에 대한 억압은 한층 강화되기 시작한 것이다.

그리고 이에 관한 한 식민권력과 민족진영 사이에 근본적인 차
이는 없다. 『대한매일신보』에 기생을 비롯한 매음녀, 음녀 혹은 방탕
한 여자에 대한 비난과 질타가 끊이지 않는 것도 그 때문이다. 이를
테면, 위생경찰은 매음녀의 몸을 지속적으로 체크하고, 계몽주체들
은 매음녀를 통해 여성 일반, 나아가 국민 전체의 성에 대한 훈육을
시도하고 있는 것이다.

이런 양상은 사랑을 가족과 포개는 성욕의 배치와 깊이 연관되
어 있다. 즉, 사랑은 오직 합법적 사랑, 가족적 사랑으로 국한되며, 성
애도 그런 범위 안에 갇히게 된다. 이제 혼외정사나 매춘은 가족생활

을 위협하고 침해하는 것으로 간주되었다. 모든 여성들에게 혼전순결이 이념으로 부과되는 한편, 매음녀들은 범죄의 온상으로 간주되어 경찰의 단속대상이 되었고, 성병의 진원지로서 위생검열의 대상이 되었으며, 가정을 위협하는 도덕적 비난의 집중처가 되었다. 이렇게 되면서 여성의 몸은 존재 자체만으로 뭔가 불온한 것처럼 간주되었다.

이후 20세기 내내 여성의 몸에 대한 타자화는 한층 심화되었다. 임상의학적 관점에서 보면, 매음녀든 아니든 일단 여성의 몸은 비정상적이다. 20세기 후반 미국의 한 산부인과 의사의 이야기를 들어보자. "근대 임상의학은 정상성의 과학이다. 건장한 백인남자라는 정상의 규준하에서 나머지 대상들을 척도화하는 것이 바로 정상성이다. 그런 점에서 보면, 여성의 몸은 출산, 월경, 폐경 등 자연스런 생리현상까지도 모두 비정상적인 것으로 일단 의심된다. 여성 자신들 역시 성욕은 물론 몸 자체에 대한 깊은 수치심에 사로잡히게 된다. 오늘날 민주주의와 남녀평등, 그리고 가장 의학이 발달된 미국에서도 '자궁은 아기를 키우기 위한 것이거나 암을 키우기 위한 것이다'라고 교육받"는다. 세상에! 아기를 키우거나 암을 키우는 것이라고?

더욱 기가 막힌 건 "대부분의 미국 산부인과 의사들은 마흔 살 이후의 여성을 대상으로 골반 수술을 하는 경우 난소도 함께 제거해야 한다고 교육받아 왔다. 난소암을 예방하기 위해서이다. 그러나 미국 여성의 난소암 발병률은 80명 가운데 1명 정도이다. 따라서 미국에 살고 있는 수천 명의 여성이 실제로는 거의 발병할 가능성도 없는 질병을 예방하기 위해서 정상적인 난소를 제거하고 있는 것"이다.크리스티안 노스럽, 『여성의 몸 여성의 지혜』, 강현주 옮김, 한문화, 2000, 208쪽 세상에, 멀쩡한 난소를 제거한다구? 이보다 더 야만적일 순 없다! 요컨대 임상의학적 배치하에선 매음녀를 보는 시선이나 보통 여성들을 보는 시선이나 별 차이가 없는 셈이다.

4. 너의 영혼은 민족의 것이다!

애국계몽기의 식민권력은 병인체론이라는 과학의 완장을 차고 배설에서 성생활까지, 문앞 청소에서 방역제도에 이르기까지 조선인의 신체와 일상을 재조직하는 작업을 수행해 나갔다. 이제 조선인들의 신체는 이 권력이 펼쳐 놓은 병리학적 장 위에서만 '생로병사'를 영위할 수 있게 되었다.

거듭 말하거니와, 민족진영 역시 위생담론 혹은 병리학적 테제를 전폭적으로 받아들였다. 정책의 불합리성과 일본인 위주의 편향적 실행을 지적할지언정 병리학 그 자체에 대한 의문은 어디서도 제기되지 않았다. 급진개화파가 주축이 된 『독립신문』은 말할 것도 없고, '동도서기'東道西器의 노선을 취한 『황성신문』조차 병리학의 진군 앞에선 속수무책이었다. 『대한매일신보』는 더 말할 나위도 없다. 여기에 이르면, 병리학의 도입은 문명의 구현이자 민족 구원의 방편이라 간주될 정도로 열기가 한층 고양되었다.

양생의 메타포

이와 더불어 전통 한의학, 곧 '양생'적 사유는 완전 퇴각하고 말았다. 『황성신문』에선 그나마 '양생과 위생 사이'의 동요가 엿보이기도 했지만, 『대한매일신보』에 이르면 양생에 대한 일말의 미련조차 보이지 않는다. 남은 것은 오직 메타포뿐!

> 나라 형세 위급함이 몸의 병과 일반이라 수십 년을 신음하니 잠시 방약雜施方藥 : 병을 고치려 여러 약을 시험으로써 봄 쓸 데 있나 천하 명의 맞아다가 증세대로 치료할 제 일신혈맥 살펴본다
>
> 체중맥을 살펴보니 모대신의 농락으로 십삼조건 맺었구나 국민곤란 불계하고 큰 화근을 빚었으니 내종병이 염려로세
>
> 뇌수맥을 살펴보니 내각지위 요동키로 돌에 때린 머리같이 정신들이 어질하다 백 가지로 주선하나 진정하기 극난하니 현기증이 염려로세
>
> 『대한매일신보』 1908년 2월 14일자 시사평론

> 각 지방을 유람하니 인민들과 관리 중에 병 없는 자 회소하다 내 의술이 용렬하나 시험하여 집중하고 동침 한 대 급히 빼어 정문혈에 놓아 보세
>
> 사족가를 돌아드니 양반들이 모여 앉아 자제교육 생각 없고 아무 조상 자손이라 아무 편색 문벌이나 평론키로 분주하니 정문침을

놓아 볼까

각 향교를 돌아드니 김지리지 재임들은 폐포파립 하고 앉아 주식
이나 다투면서 제관차첩 방매키로 일을 삼아 협잡하니 정문침을
놓아 볼까

『대한매일신보』 1908년 9월 2일자 시사평론

체중맥, 뇌수맥, 정문혈 등은 전통 한의학적 용어이다. 이런 유의
수사학에 기댈 수밖에 없었던 건 아직 인구에 회자될 만한 병리학적
용어가 널리 유포되지 않았기 때문일 터이다. 다시 말해, 시대적 절
박감을 위해 동원된 것일 뿐, 양생적 인식론과는 전혀 무관하다. 왜
냐하면 이미 계몽주체들이 요구하는 신체는 양생과는 거리가 먼, 질
병의 침입으로부터 스스로를 지켜 내는 위생적 몸이었기 때문이다.

혈통과 정신

그러면, 건강한 신체는 왜 필요한가? 그것은 무엇보다 "국가적으로
는 부강의 근원이요 개인적으로는 행복의 요소"『대한매일신보』1909년 2월
5일자 「논체육설」인 까닭이다. 그런데 여기서 말하는 건강한 신체의 기준
은 '순수한 피, 순수한 혈통'을 의미한다. '피가 섞이면 애국심이 생길
수 없다'고 보았기 때문이다. 혈통의 순수성과 애국심이 곧바로 직결
되고 있는 것이다.

앞에서 보았듯, 병리학은 개인과 개인 사이의 엄격한 '거리화'

를 가장 일차적 테제로 삼는다. 병으로부터 몸을 보호하기 위해선 쫀쫀하다고 할 정도로 몸과 몸 사이의 거리를 유지해야 한다. 그런데 이렇게 개별적으로 쪼개진 몸들은 그냥 자유롭게 방치되어선 안 되고, 다시금 인종이나 민족이라는 거대한 집합체로 묶여야 한다. 푸코 식으로 말하면, "근대 권력의 인체 장악은 개인화가 아니라 전체화", "다시 말하면 육체로서의 인간이 아니라 종種으로서의 인간을 향해 행해지는 권력행사였다." 푸코, 『사회를 보호해야 한다』, 281쪽 『독립신문』의 언표들이 상대적으로 개별화에 초점을 두었다면, 『대한매일신보』는 과격하리만치 '인종적 전체화'에 매진한다.

　　물론 피의 순결성만 있으면 저절로 애국심과 독립심이 보장되는 건 아니다. 그것은 출발점일 뿐, 궁극적으로는 각 구성원들의 몸에 민족과 국가에 대한 순결한 정신을 부여해야 한다. 그런데 이 과정에서 '초월론적 전도'가 일어난다. 피의 순결성을 극단적으로 밀고 가다 보면 어느 순간 육체는 홀연 사라지고 정신만이 남게 되는 역설적 상황이 펼쳐지는 것이다.

　　대저 일개 육신으로 이 세상에 잠시간 왔다가 홀연히 가는 자를 나라 이르며 과거와 현재와 미래를 관통하여 영구히 없어지지 아니하는 자는 사회라 이르나니 나는 죽더라도 사회라는 것은 죽지 아니하며 나는 멸하더라도 사회라는 것은 멸치 아니하며 나는 한이 있더라도 사회는 한이 없는 것이라 이러므로 일개 나 하나가 세상 사회에 있는 것이 비유할진대 태창에 좁쌀 한낱과 같으며 태산의

흙 한덩이만 할 뿐이로다

『대한매일신보』1908년 3월 6일자 논설 「나와 사회의 관계」

세계에 어떤 나라든 먼저 국가의 정신부터 있은 연후에 국가의 형식이 비로소 서나니 …… 오호라 국가의 정신은 곧 국가 형식의 어미라 할진저 정신으로 된 국가라 함은 무엇을 이름인가 그 민족의 독립할 정신 자유할 정신 생존할 정신 굴복지 아니할 정신 국권을 보전할 정신 국가의 영광을 빛나게 할 정신들을 이름이니라 형식으로 된 국가라 함은 무엇을 이름이뇨 강토와 임금과 정부의 의회와 관리와 군함과 대포와 육군과 해군 등의 나라 형체를 이룬 것을 이름이니라

오호라 국가의 정신이 망하면 국가의 형식은 망하지 아니하였을지라도 그 나라는 이미 망한 나라이며 국가의 정신만 망하지 아니하면 나라의 형식은 망하였을지라도 그 나라는 망하지 아니한 나라이니라 어찌하여 그러하뇨 하면 그 민족이 독립할 정신이 없으며 자유할 정신이 없으며 굴복지 아니할 정신이 없으며 국권을 보전할 정신이 없으며 나라의 위엄을 발양할 정신이 없으며 나라의 영광을 빛나게 할 정신이 없으면 강토가 있어도 쓸데없고 임금이 있어도 쓸데없으며 정부가 있어도 쓸데없고 의회가 있어도 쓸데없으며 …… 이 같은 나라는 오늘에 망하지 아니하면 명일에는 망할 것이요 명일에 망하지 아니하면 필경에 망하고 말지니라 ……

그런고로 국가의 형식을 세우고자 할진대 먼저 국가의 정신을 세

울지며 국가의 형식을 보전코자 할진대 먼저 국가의 정신을 보전할 것이오 국가의 형식이 망함을 근심하는 자는 먼저 국가의 정신이 망함을 근심할지니라

『대한매일신보』 1909년 4월 29일자 논설 「정신으로 된 국가」

이 자료들에는 민족담론의 인식론적 정수가 담겨 있다. 나와 사회, 육체와 정신, 형식과 내용 등의 대립항을 전제하되 후자 속에 전자를 고스란히 흡인하는 것이 그 요체이다. 완벽한 비대칭성. 혈통과 건강한 신체에서 출발하였으되, 한순간 정신이 우뚝 자립하게 되고, 그리하여 마침내 '정신으로 된 국가'라는 형이상학적 실체가 이데아로 자리잡기에 이른다. 이것은 데카르트가 『방법서설』에서 한 작업과도 아주 닮아 있다. 『방법서설』에서 데카르트가 저지른 잘못은, "자기로부터 데카르트 자신을, 즉 살과 뼈로 구성되고 죽기를 원치 않는 실제 인간을 제거시켜 버리기로 결의한 데 있다. 그렇게 함으로써 그는 사유자라는 추상적 존재가 될 수 있었다."(미겔 데 우나무노)제럴드 에델만, 『신경과학과 마음의 세계』, 황희숙 옮김, 범양사, 1998, 20쪽

그리고 이 정신이 기독교와 결합할 때, 영혼이 등장한다. 인간이 신과 교섭할 수 있는 유일한 통로가 영혼이다. 하지만, 영혼은 육체와의 아주 가녀린 연결지점만 남겨 놓은 채 홀연 육체를 떠난다. 육체 안에 뒤섞여 있어서는 육체를 지배할 수 없는 까닭이다. 그렇다고 완전 육체를 벗어날 수도 없고, 육체와 구질구질 뒤섞일 수도 없어 아슬아슬한 경계에서 맴도는 것, 그것이 영혼이다. 오묘하기도 하지!

심(心)에서 뇌(腦)로

그렇다면 영혼은 대체 어디에 있는 것인가? 어디에서 몸을 지배하고, 삶과 죽음을 좌지우지하는가? 영혼과 마음은 어떻게 같고 어떻게 다른가?

먼저 환기해야 할 점은 영혼은 전통적으로 '심'心이라고 지칭했던 것과는 전혀 다른 개념이라는 사실이다. 심이 심장과 관련된 활동이라면, 영혼은 뇌수와 관련된 활동이다. "한의학에서는 심장을 마음과 정신 활동이 머무는 기관으로 간주했고, 성리학에서는 이런 가정에 입각해서 인간의 본성을 논했다."신동원, 『호열자, 조선을 습격하다』, 295쪽 그에 반해 병리학은 마음이나 감각의 작용을 뇌의 작용으로 보는 뇌주설의 입장을 취한다. 심주설에서 뇌주설로의 이동 ── 이 또한 의학적 패러다임의 근대적 변환을 알리는 핵심지표다. 물론 이 과정에는 약간의 우여곡절이 있다.

보통 한의학 전통에서는 인간 생명의 근원을 심장으로 본 반면, 도교 양생의 전통에서는 뇌를 그 근원으로 본다. 심장을 중심으로 보는 심주설과 뇌를 중심으로 하는 뇌주설은 각기 의학과 도교 양생술의 한 전통을 이룬다. 『동의보감』은 도교 양생법의 영향을 강하게 받아 전적으로 뇌를 신神이 간직된 가장 중요한 곳으로 간주하였다.

18세기 들어 이익, 정약용 등 성호학파에 의해 뇌주설에 입각하여 심주설을 비판하는 흐름이 제기되기 시작했다.이 단락의 내용은 신동원 외, 『한 권으로 읽는 동의보감』, 들녘, 1999를 참조함 특히 정약용은 진맥에서부터

기, 음양, 오행 등의 원리에 이르기까지 한의학의 전통을 전면적으로 비판했다. 따라서 이들이 내세운 뇌주설은 도교적 양생술이 아니라, 서양의 갈레노스Claudius Galenus 의학체계에 따른 것이다. 갈레노스는 인간이 식물이나 동물보다 우월한 것은 뇌에 '생명의 동각動覺'이 있기 때문이라고 파악했다. 다산은 바로 이 입장을 취한다. 유학자로선 특이할 정도로 철저한 인간중심주의를 표방했던 다산은 의학적 측면에서도 이처럼 상당히 기독교적 색채를 띠고 있었다. 19세기 들어 이규경 같은 이가 도교의 뇌주설과 갈레노스의 뇌주설을 절충하려고 시도하기도 했으나, 이후 근대의학사에서 의술과 양생이 확연히 분리되면서 도교적 뇌주설은 완전히 자취를 감추고 말았다. 자연히 서구적 뇌주설이 사태를 평정하게 되었다.

심장에서 뇌수로의 이동은 그저 기관의 자리바꿈만을 의미하지 않는다. 그와 더불어 다른 기관들과의 관계 역시 동시적으로 바뀌기 때문이다. 심주설에서 심장은 신체의 주재자이면서 우주와 교감하는 기관이다. 따라서 안팎을 가로지르는 능동적 소통이 아주 중요하다. 반면, 뇌주설에서 뇌는 외부와 뚜렷하게 구획되는 기관일 뿐 아니라 신체의 다른 기관들을 좌지우지할 수 있는 특권적 지위를 부여받는다. 즉, 다른 기관들은 뇌의 명령을 전달받아 그대로 수행하는 부속품으로 기능할 뿐이다. 아울러, 그렇게 되면서 신체적 어펙션affection이 아니라, 오직 두뇌가 그 사람의 개성과 능력을 표현해 주는 유일한 징표처럼 간주된다. 아이큐에 대한 과도한 집착도 여기에서 유래한다.

한편, 진화론과 기독교가 조우하는 지점도 바로 두뇌다. 진화론에 따르면 뇌야말로 인간이 다른 동물과 구별되는 가장 뚜렷한 표지이다. 인간 두뇌의 복잡한 구조야말로 진화의 산 증거라 본 것이다. 기독교의 논법도 크게 다르지 않다. 인간이 만물의 영장이 되는 건 '영혼'을 가진 존재이기 때문이다. 창조주와 소통할 수 있는 건 오직 이 영혼을 통해서이다. 그런데 영혼의 신체적 거처는 심장이 아니라, '뇌수'다. 그러니까 결국 이 뇌수를 개조하기만 한다면 신체를 온전히 장악할 수 있다는 결론이 나온다. 영혼의 순결성이 그토록 강조되었던 것도 이런 맥락의 산물이다.

20세기 초 위생권력은 전염병학을 기반으로 개별 구성원들의 신체와 일상을 일일이 체크하고 감시하는 시스템을 제도화해 갔다. 동시에 매음녀의 몸을 관리한다는 명분하에 전 국민의 성욕을 통제하는 메커니즘을 정착시켜 갔다. 건강한 신체, 건강한 인종을 위해서는 반드시 이런 과정을 거쳐야 한다.

여기까지는 식민권력이나 민족진영 사이에 차이가 없다. 전투는 그다음부터 이루어진다. 이렇게 위생적으로 단련된 신체를 누가 장악할 것인가? 여기서 민족담론은 정신주의로 초월한다. 신체는 유한하지만, 정신은 영원하다는 논리에 입각하여. 그런데 이 정신은 어떻게 확인되는가? 뇌수를 통해 확인된다. 결국 이 뇌수에 어떤 것이 주입되느냐에 따라 개별 주체의 삶이 결정되는바, 민족주의자들이 뇌수의 개조에 '올인'했던 이유도 거기에 있다. 바야흐로 뇌수는 선교사와 식민권력, 그리고 민족주의자들 사이의 한판 승부처가 된 것이다. 그리하여 근대 위생담론은 늘상 '건강한 신체'라는 슬로건을 외치지만, 그러면 그럴수록 신체는 더더욱 소외되고, 정신 혹은 두뇌만 강조되는 아이러니를 연출한다.

영혼과 질병

근대계몽기 이래 꽤나 많은 세월이 흘렀건만, 두뇌에 대한 맹신은 여전히 계속되고 있다. 태아 때부터 지능을 높이기 위해 수단과 방법을 가리지 않는 것이 그 단적인 증거다. 그런데 최근 뇌과학의 성과에 따르면, 뇌의 존재이유는 운동movement에 있다고 한다. 즉, 두뇌가 일사분란하게 다른 기관을 통제한다기보다 운동이 있기 때문에 두뇌가 존재한다는 것. 고로, 운동이 없으면 두뇌도 없다! 더 구체적으로 말하면, "지각신경 변환기라는 특수한 뉴런에 의해 뇌는 바깥 세계로 연결되는데, 그 변환기는 감각기관을 만들며 입력을 뇌에 제공한다. 뇌의 출력은 뉴런에 의해 근육과 분비선에 연결된다."에델만, 『신경과학과 마음의 세계』, 39쪽 모든 기관들과의 긴밀한 네트워킹, 그것이 곧 뇌의 특이성인 것이다.

더욱 놀라운 건 이 세계에서 가장 성공적인 생명체는 뇌를 가지고 있지 않으며 뇌를 쓸 일도 없다는 사실이다. 『사랑을 위한 과학』의 저자들의 이야기를 들어보자. "지상에서 최고의 개체수를 자랑하는 박테리아는 단세포 생물로서, 다세포의 신호체계나 그러한 교신으로 발생하는 복잡한 행동에 전혀 의존하지 않고도 당당하게 생존하고 있다. 무능력해 보이는 외관과는 정반대로 그들은 북극의 툰드라에서 부글거리는 유황 온천까지 생태학적으로 적합한 모든 장소에서 적응해 왔다."루이스 외,『사랑을 위한 과학』, 35쪽

또 "진화의 과정은 일련의 매끄러운 변화가 아니라 폭발적인 변화가 간헐적으로 발생하는 불규칙한 과정"이다. "인간 두뇌는 철저한 계획이나 빈틈없는 실행에 의해 발달한 것이 아니었다. 그것은 단지 우연이었다. 그 계보를 보면 누구라도 뇌의 형성에 관한 합리적인 기대를 포기하게 된다." 즉, "많은 사람들이 진화를 상승하는 에스컬레이터로, 즉 진보된 유기체들을 계속 생산하는 연속적 과정이라고 생각한다. 이런 관점에서 볼 때 언어, 추리, 추상화 등 신피질의 능력은 당연히 인간 최고의 특질이라고 판단될 것이다. 그러나 진화를 수직적으로 개념화시키는 것은 잘못이다. 진화는 피라미드가 아니라 만화경이다. 종의 형태와 다양성은 끊임없이 변하고 있지만, 우월성을 매길 수 있는 기초나 특정 계통이 지향하는 정점 같은 것은 존재하지 않는다."루이스 외, 앞의 책, 49쪽

결론적으로 영혼에는 영적 능력이 없다. 실제로 근대인의 영혼은 양심의 가책을 느낄 때나 등장할 뿐, 평소에는 별 영향을 행사하지 못한다. 그도 그럴 것이, 육체로부터 벗어나 허공을 배회하고 있는데, 어떻게 영적 능력을 발휘할 수 있겠는가. 영적 능력은 신체를 통과하지 않고서는 결코 표현될 수 없기 때문이다. "영적인 부분이 물리적인 부분보다 더 중요하다고 생각하는 태도야말로 영적인 태도가 아니다."노스럽,『여성의 몸, 여성의 지혜』, 102쪽

결국 이 공허한 지배자가 근대인들에게 안겨 준 것은 신경쇠약을 비롯한 각종 정신병이다. 「소설가 구보씨의 하루」가 보여 주듯이 영혼은 실제로 자의식에 불과했던 것.

"얼마 전엔가 구보가 흥미를 가져 읽은 『현대의학대사전』 제23권은 그렇게도 유익한 서적임에 틀림없었다. 갑자기 구보는 온갖 사람을 모두 정신병자로 관찰하고 싶은 강렬한 충동을 느꼈다. 실로 다수의 정신병 환자가 그 안에 있었다. 의상분일증意想奔逸症, 언어도착증言語倒錯症, 과대망상증誇大妄想症, 추외언어증醜猥言語症, 여자음란증女子淫亂症, 지리멸렬증支離滅裂症, 질투망상증嫉妬妄想症, 남자음란증男子淫亂症, 병적기행증病的奇行症, 병적허언기편증病的虛言欺騙症, 병적부덕증病的不德症, 병적낭비증病的浪費症……."

요컨대 거의 모든 행위가 정신병으로 분류될 만큼 근대인들의 신체는 병들었다. 영혼 혹은 자의식에 시달리느라고. 그러므로 진정, 영적 능력을 지니고 싶다면, 다음과 같은 충고에 귀를 기울여야 할 것이다.

중독된 사회구조는 육체를 뇌에 종속된 것, 뇌의 명령에 따라 움직이는 것이라고 생각한다. 중독된 사회구조는 뇌에게 피로감, 허기, 불안감을 무시하도록 가르친다. 사랑받고 싶은 욕구를 무시하라고 가르친다. 육체를 적이라고 생각하게 만든다. 뇌를 짜증나게 만드는 메시지를 보낼 때 육체는 숙적이 된다.노스럽, 『여성의 몸, 여성의 지혜』, 35쪽

* * *

1980년 세계보건기구^{WHO}에서는 천연두의 근절을 공식적으로 선언했다. 천연두가 지구상에서 완전히 사라진 것이다. 천연두뿐 아니라, 많은 질병들이 인간 곁에 머무르다 홀연 떠나갔다. 콜레라나 장티푸스, 발진티푸스 등. 이 병들은 요즘도 종종 '물의'(!)를 일으키긴 하지만, 예전처럼 국가 전체를 온통 '흔들어 놓는' 식의 위세는 잃어버린 지 오래다.

앞서 보았듯이, 천연두나 콜레라는 20세기 초까지도 가공할 위세를 떨친 대표적 괴질에 속한다. 그렇게 엄청난 '괴력을 자랑하던' 괴질도 근대에 접어들면서 눈에 띄게 위축되었다. 흔히 의학의 발달과 위생제도 덕분에 괴질들이 사라졌다고 생각하지만, 그건 꼭 그렇지가 않다. 치료법이 발견되기 이전에 독력毒力의 약화를 간과해서는 안 된다. 콜레라뿐 아니라, 디프테리아, 발진티푸스, 말라리아 등도 예방과 치료법이 생기기 이전에 이미 감소 추세에 있었다. "이는 19세기 이후 미생물과 인간 사이의 균형이 다시 확립되어 가는 과정"신동원, 『호열자, 조선을 습격하다』, 35쪽이 있었음을 의미한다. 아무튼 괴질들은 사라졌지만, 대신 다른 병들이 우리를 찾아왔다.

내가 어렸을 때만 해도, 폐결핵이 가장 치명적인 질병이었다. 소모성 질환이라 환자들은 대개 퀭한 눈과 앙상한 몸으로 마치 '유령처럼' 흐느적거리며 다니곤 했다. 전염병의 일종이었건만, 어쩐 일인지 폐결핵은 예술가들에게 어필하여 괴질들과는 아주 다른 대접을 받았다. 괴질들이 하늘이 내린 징벌 혹은 재앙으로 간주된 것과는 달리, 결핵은 '영혼을 정화하는 질병'처럼 사유되었다. 우리나라 근대 작가들도 그렇지만, 특히 19세기 유럽 낭만주의 작가들에겐 폐결핵에 걸리는 게 커다란 자랑거리였다니, 그야말로 결핵을 은유로서 전유한 셈이다.

20세기 후반기에 접어들면서 다시 결핵의 시대는 가고, 바야흐로 암과 에이즈의 시대가 열렸다. 미국인 세 명 가운데 한 명이 암이라고 한다. 전염병이 아님에도 광범하게 전파되는 특이한 질병이다. "결핵이 폐, 즉 몸 위쪽의 '영적으로 정화된 기관'과 관련되어 있다면, 암은 고백하기 아주 부끄러운 신체부위(유방, 방광, 직장, 전립선, 고환)에 침범하는 것으로 악명 높다" 수전 손택,『은유로서의 질병』, 이재원 옮김, 이후, 2002, 32쪽 에이즈는 더 심하다. 수혈이나 성관계 같은 은밀한 영역에서 전파되는 까닭에 더더욱 어둠속에 가려져 있다. 괴질처럼 느닷없이 덮쳐 한꺼번에 수많은 목숨을 앗아가는 것이 아니라, 일상에 스멀스멀 침투하여 삶을 조금씩 갉아먹는 질병들인 것. 따라서 결핵과는 전혀 다른 메타포들을 만들어 낸다. 대중문화에 범람하는 암의 이미지들을 보라.

이렇듯, 질병들도 끊임없이 세대교체를 한다. 오래된 질병들이 떠나간 자리에 새로운 질병들이 자리를 잡는다. 그와 더불어 질병에 대한 다양한 은유들이 생겨난다. 병과 병에 대한 은유가 없는 세상은 상정할 수 없다. 병이 없으면 인간 또한 존재할 수 없을 터이니. 그러므로 필요한 것은 병을 척결하겠다는 의지가 아니라, 병과 함께 공존할 수 있는 신체적 능력과 삶의 지혜가 아닐까.

20세기 초 식민권력의 총칼과 민족주의자들의 계몽의 열정에 힘입어 이 땅에 정착한 병리학적 패러다임은 애초부터 이런 '능력과 지혜'의 가능성을 차단해 버렸다. 병리학적 체제가 치명적인 건 무엇보다 그 점에 있다.

5. 맺으며 ― '등산'과 '유머'

얼마 전 TV에서 두 개의 감동적인 장면과 마주쳤다. 하나는 백혈병 환자들의 히말라야 등정기. 또 하나는 웃음으로 난치병을 치료하는 임상 다큐멘터리이다. 히말라야 등정기의 경우, 처음엔 그저 평범한 산악팀이려니 했다. 그런데, 자막에 백혈병력 2년차, 백혈병력 8년차 등으로 소개되는 걸 보고 화들짝 놀랐다. 멜로드라마에서나 보던 난치병 환자들이 지구에서 가장 높고 험준한 산을 오르다니. 처음엔 어안이 벙벙하다가 하루에 아홉 시간씩 무려 7일간의 '빡센' 일정을 거쳐 마침내 안나푸르나 정상에 오르는 장면에 가서는 기가 탁 막히고 말았다. 일정 자체도 버거울 뿐 아니라, 고산지대라 '고소병'으로 머리가 깨질 듯한 두통을 감내해야 하고, 거기다 항암제 부작용까지 동시에 견디면서 그 높은 곳엘 오른 것이다. 평범한 보통사람들이라도 쉽지 않은 일인데, 하물며 백혈병 환자들임에랴.

더 놀라운 건 그들이 병을 선고받은 직후부터 꾸준히 산을 오르기 시작했다는 것, 그리고 등산을 통해 삶의 전기를 마련했다는 사실이다. 보통 난치병 선고를 받는 경우, 마음이 먼저 무너져 내려 몸을 추스르기가 쉽지 않다. 한데, 이들은 산을 통해서 오히려 병을 앓기 이전보다 더 능동적인 삶의 리듬을 갖게 된 것이다.

그런가 하면 웃음으로 아토피나 암을 치료하는 모습은 전혀 다른 차원에서 감동을 전해 주었다. 끔찍한 고통에 시달리는 어린이 아토피 환자들이 웃음을 통해 건강을 되찾는 모습은 일종의 기적처럼 느껴졌다. 대개 아토피나 암은 마음의 질병이라고 한다. 마음이 닫히면서 기운이 안으로 울체되면 면역체계에 이상이 생긴다. 그 결과 아토피처럼 피부를 적으로 생각해 공격하거나 아니면 암세포처럼 돌연변이가 만들어지는 것이다. 외부로부터 고립되었다는 절망감이 공격과 적대를 낳게 되는 셈이다. 결국 필요한 건 외부와의 소통이다. 그런데, 외부와 소통하는 데 있어 웃음보다 더 강렬하고 효과적인 건 없다. 문제는 웃음에도 훈련이 필요하다는 것. 현대인들은 그만큼 웃음에 미숙하다. 물론 억지로 유머를 구사할 필요는 없다. 남을 웃기는 것보다 더 중요한 건 스스로 잘 웃는 것이다. 그러므로 웃음에는 반드시 좋은 관계들이 전제된다.

그와 관련하여 선천성 근육장애를 앓는 미국 코미디언의 이야기는 실로 흥미진진했다. 어린 시절, 그의 어머니는 혹시나 아들이 학교에서 따돌림을 당할까 싶어 유머가 적힌 티셔츠를 입혀 보내기도 하고, 틈나는 대로 친구들을 불러들여 파티를 열어 주었다고 한다. 집안을 왁자지껄한 놀이터로 만들어 준 것이다. 그러니 그 코미디언은 어릴 때부터 '유머 훈련'을 단단히 거친 셈이다. 그야말로 웃음이 몸을 바꾸고, 관계를 바꾸고 마침내 삶을 바꾸는 과정을 한눈에 보여준 장면이었다. 영화 <올드 보이>에 나오던가. "웃어라, 온 세상이 너와 함께 웃을 것이다. 울어라, 너 혼자 울 것이다."(인디언 속담)

누구도 질병과 죽음으로부터 자유로울 수는 없다. 질병을 완벽하게 퇴치하고 죽음을 악착같이 피하려 들수록 그것은 더더욱 생을 잠식한다. 게다가 드라마나 영화에 등장하는 질병은 은유의 장막에 갇혀 있다. 내가 히말라야 등정기를 보고 깜짝 놀란 것도 백혈병을 '은유적으로' 사유했기 때문이다. 청순가련하지만 왠지 고상한 병이라는 식으로. 이것이 병에 대해 얼마나 왜곡된 편견을 낳는지는 더말할 나위도 없다. 그런 점에서 그들이 선사한 감동은 질병을 적대하거나 은유적으로 사유하는 데서 벗어나 질병과 공존하면서 전혀 다른 삶의 리듬을 터득하는 '노하우'에 있었다.

카를 융이 그랬다던가. "신은 질병을 통해 우리에게 찾아온다"고. 그 정도는 아니라 해도 분명 질병은 적이 아니라, 좋은 친구요 스승임에 틀림없다. 몸의 메시지에 귀를 기울이고, 새로운 관계와 활동 속으로 이끌어 주는 스승이자 친구.

등산과 유머, 이것은 치료법인가? 아닌가? 치료법이 맞다면 임상의학은 이들을 위한 공간을 어떻게 마련할 수 있을까? 치료법이 아니라면, 임상의학은 무엇으로 자신의 존재와 영역을 증명할 수 있을까? 진정, 궁금하기 짝이 없다. 하지만, 분명한 건 이제 질병과 치료를 사유하는 인식론적 배치를 바꿀 때가 되었다는 사실이다.

4장
허준, 푸코를 만나다!

"김신선의 이름은 홍기다. 열세 살 때 장가들어 하룻밤 같이
자서 아들 하나를 낳고는 아내를 다시는 가까이하지
않았으며, 신선이 되는 벽곡辟穀을 단행하여 고기와 익은 음식을
먹지 않더니 벽을 마주하고 앉아 버렸다.
그렇게 앉은 지 두어 해 만에 몸이 갑자기 가벼워져서 온나라
명산을 두루 돌아다녔는데 언제나 몇백 리를 걷고 난 다음에야
비로소 해가 어느 때쯤 되었는지를 쳐다보았다."
— 연암 박지원, 「김신선전」金神仙傳

"성적 행동에 관한 그리스인들의 도덕적 성찰은 금지들을
정당화시키려 한 것이 아니라 어떠한 자유를 양식화하려
했다. …… 그들은 성적 쾌락이 그 자체로 악이거나 아니면
그것이 과오의 자연적 상흔들에 속할 수 있다고는 결코
생각지 않았다. 그러나 의사들은 성적 활동과 건강의 관계를
염려했고 그러한 행동의 위험에 관한 성찰을 발전시켰다.
…… 그것은 '치료법'이라기보다는 '양생술'에 가까웠다."
— 미셸 푸코, 『성의 역사』 2권

물음 1 20세기 초에는 병원과 교회, 학교가 신문명의 거점이었다. 지금은? 한의대, 대안공동체, 명상센터가 새로운 문명의 입구가 되었다. 흥미롭게도 1980년대 운동권 투사들이 가장 많이 선택한 직업이 한의사와 학원강사, 대안학교 교사, 승려 등이란다. 분명 뭔가 달라지고 있다. 그게 뭘까?

물음 2 "생으로서의 삶만 추구하는 것은 오히려 우리 삶의 본디 모습을 잃고 죽음으로 이끌게 됩니다. 삶과 죽음은 나눌 수 없는 생명의 약동이며 이 과정을 통하여 영원을 살게 되는 것입니다." 정화 스님, 『마음 하나에 펼쳐진 우주』, 법공양, 2000, 21쪽 미생물들은 2분에 한 번씩 분열을 한다고 한다. 만약 그들이 죽지 않고 계속 분열을 한다면, 얼마 안 가서 지구를 다 덮어 버린단다. 죽음이 있으므로 삶이 있다! 죽음이 없는 삶, 그것은 뱀파이어들처럼 영원히 '썰렁하게' 살 수밖에 없다. 암세포는 죽지 않는다. 죽지 않으면서 계속 자기를 복제해 간다. 자신의 숙주인 신체가 죽어 버릴 때까지. 끔찍하지 않은가?

그런데 우리는 왜 그토록 죽음을 금기시하는 것일까? 죽음에 대해 생각하고 말하는 것을 '죽기보다' 더 싫어하게 되었을까? 그러면서 실제론 죽음을 향해 돌진해 간다. 늘 죽음충동을 안고 살아가면서 정작 죽음에 대해서는 금기시하는 이 어처구니없는 아이러니! 이 모든 것이 삶과 죽음의 적대적 이분법에서 유래하는 것임은 말할 것도 없다. 여기에서 벗어나지 않는 한, 죽음은 더욱 끔찍한 것이 되고, 결국은 삶 또한 그렇게 될 것이다. 죽음을 넘어, 아니 생사를 넘어 존재

자체를 긍정하는 길은 없는 것일까?

1. 기도의 효과

몇 년 전 한 젊은이가 몸에 이상이 느껴진다며 대학병원에 찾아왔
다. 그는 각종 혈액 검사, 소변 검사, 심전도 검사 등 종합검진을 받
아 보았으나 정상이라는 판정을 받았다. 그러나 며칠 후 너무 힘들
었던지 다시 병원으로 찾아와 입원 치료를 원하였다. 하지만 검사
결과가 정상이었기 때문에 입원을 할 수가 없었다.

그리고 다음날, 집으로 돌아간 그가 사망했다는 안타까운 소식이
병원에 전해졌다. 이처럼 여러 가지 스트레스에 의해 세포 내에 축
적된 정보가 몸의 이상으로 나타난다고 할지라도 현재의 의학적인
검사만으로는 감지되지 않는 경우가 종종 있다. 위의 젊은이처럼
숨쉬기조차 힘든 경우에도 모든 검사결과가 정상으로 나오는 이유
가 무엇일까? 그것은 의학적인 검사로 몸의 이상이 감지되기 위해
서는 병이 어느 정도 진행된 상태여야 하기 때문이다. 그때서야 간
이 안 좋다든지, 심장의 기능에 이상이 생겼다는 의학적인 진단이
가능해진다. 홍성환, 「감수의 글」, 노스럽, 『여성의 몸 여성의 지혜』, 573쪽

그런가 하면 정반대의 경우도 있다. 사지가 멀쩡한 사람이 종합검진
을 받은 뒤, 중병이 선고되고 그때부터 졸지에 환자로 둔갑하는 경

우가 바로 그렇다. 잠복해 있던 병이 비로소 등장했다고 할 수도 있지만, 심리적으로 압도되면서 없던 병이 생기는 경우도 있다. 실제로 암 확진 검사를 받으면서 본격적으로 암이 진행되는 경우도 아주 많다고 한다. 그만큼 우리는 임상의학의 분류표에 긴박되어 있다. 병리학의 표상체계가 곧 우리의 몸을 지배하고 있는 것이다. 병이 들면 오로지 약물과 수술 말고는 방법을 찾을 생각을 좀처럼 않는 것도 그 때문이다.

약물을 배제한 자연요법은 충분한 효과가 입증되더라도 무시되어 버린다. 그렇게 무시되는 치료법 중 하나가 바로 기도의 효과이다. 실제로 기도의 효과를 입증하는 실험이 비밀리에 행해졌다. 일단의 사람들이 모여서 기도를 했다. 의사나 환자 모두 그들이 누구를 위해 기도하는지 몰랐으며, 그들 역시 누구를 위해서 기도하는지 몰랐다. 그러나 기도를 받지 않은 중환자실의 환자들에 비해서 기도를 받은 중환자실 환자들의 상태가 훨씬 호전되었다. 만약 약물이 이러한 효과를 보였다면 당연히 그 약물을 사용했을 것이다. 기도의 효과 역시 분명히 입증되었다. 진정한 과학자라면 그러한 자료에 관심을 가지고 기도의 효과에 대해 심도 있게 연구했을 것이다. 그러나 버니 시걸 박사가 연구결과를 의사 휴게실에 게시하자, 얼마 지나지 않아 그 첫장에는 '터무니없는 낭설!'이라는 문구가 큼직하게 쓰여 있었다. 노스럽, 앞의 책, 34쪽 그건 너무도 당연하다. 병리학적 패러다임은, 그런 방식의 치유법을 수용할 능력이 없기 때문이다. 웃음의 효과 역시 마찬가지다. 의사들은 웃지 않는다. 최고 권위를 자랑하는 의사들조차 유머는커녕 웃음 자체를 망각한 표정을 하고 있다. 당연히 의사들 역시 건강하지 않다. 건강하지 않은 몸으로 어떻게 아픈 사람을 치유할 수 있겠는가? 더더욱 정밀기계에 의존할 수밖에 없다. 의사라기보단 차라리 기계가 제공하는 자료를 분석하고 해독해 내는 공학자에 가깝다. 요컨대 한계에 봉착했지만, 달리 방도가 없어 '오도 가도' 못하고 떠도는 처지, 그것이 병리학의 현주소다. 그렇다면, 신체의 능동성을 확보하기 위해 우리는 무엇을 해야 하는가?

그 비전 탐구의 과정에서 『동의보감』을 만났다. 『동의보감』은 거대한 산맥이다. 『황제내경』黃帝內經 출현 이후 송, 금, 원, 명대까지 의학의 정수를 추려 냈을 뿐만 아니라 『향약집성방』鄕藥集成方, 『의방유취』醫方類聚 등 조선의 의학전통을 잇고 있다. 음양오행에 기초한 근본적 원리를 집대성하는 동시에 몸과 각종 질병에 대한 의학이론, 처방, 약물, 침구 등 구체적인 내용들을 망라하고 있다. 그런 점에서 『동의보감』은 단순한 의학서를 넘어 "조선시대의 양생, 신체, 질병의 문화를 해독하는 열쇠"신동원, 「서문」, 『한권으로 읽는 동의보감』, 들녘, 1999이다. 인용문헌 240종에, 목차만 무려 100페이지에 달한다.

1597년부터 1610년까지 장장 14년에 걸쳐 완성되었으며, 조선에서보다 중국에서 더 많이 발간된 책(중국에서 25회, 대만에서 3회), 연암이 중국 여행 때 은 닷 냥이 없어 사지는 못하고 다만 능어凌魚라는 이가 쓴 서문만 베껴 온 책, 한의사들조차 통독하는 데 3년쯤 걸린 다는 책, 처음엔 황당무계하다가 길이 보이기 시작하면 눈부신 진경 이 펼쳐진다는 책.

　십여 년 전 연구실에서 『동의보감』 강좌를 열었다. 임영철 선생 을 비롯해 대한형상의학회에 속한 젊은 한의사들이 강의를 맡아주 었다. 뒤에 나오는 내용은 많은 부분 그때 배운 것이다. 새삼스럽지 만 이 자리를 빌려 고마움을 전한다. 여전히 내게 『동의보감』이란 아 직도 내설악의 공룡능선이나 용아장성 같은 거대한 산맥이다. 산맥 의 기세에 압도당하지 않고 조금씩 앞으로 나아갈 수 있는 건 어디 까지나 미셸 푸코 덕분이다. 허준이 동아시아 의학사의 흐름을 집대 성한 대가라면, 푸코는 근대 임상의학의 배치, 곧 의학담론이 어떻게 인간의 신체를 조직하고 지배하는지를 집요하게 탐사한 고수다. 이 글은 허준과 푸코, 그 둘의 마주침에 대한 간략한 스케치다. 덧붙이면 이 스케치에 '뼈와 살'을 입히고, 존재와 세계에 대한 '비전탐구'를 시도한 작업이 『동의보감, 몸과 우주 그리고 삶의 비전을 찾아서』, 북드라망, 2012이다.

2. 몸 — 무엇을 '볼' 것인가?

신형장부도

푸코의 『말과 사물』이 벨라스케스Diego Velázquez의 「시녀들」이라는 그 림으로부터 시작하듯이 『동의보감』 역시 하나의 그림으로부터 시작된다. 100페이지에 이르는 긴 목차의 행렬이 끝나는 지점, 그러니까 책의 첫장을 장식하는 그림이 바로 '신형장부도'身形藏腑圖다. 푸코의 그림이 시선에 관한 기묘한 물음을 던지고 있다면, 신형장부도에는 인체에 대한 허준의 특별한 시선이 담겨 있다.

신형장부도는 팔다리가 잘려진(?) 채 앉아 있는 다소 엽기적인 측면도다. 그림을 찬찬히 들여다보면, 몸통 안에 간肝, 심心, 비脾, 폐肺, 신腎 등 오장이 있고, 위, 소장, 대장, 담, 방광 등 육부(삼초는 특정한 부위가 없으므로 생략되어 있다), 그리고 대변과 소변이 통하는 곡도穀道와 수도水道가 있다. 특히 주목할 것은 정기가 오르내리는 삼관三關, 즉 미려관尾閭關, 녹로관轆轤關, 옥침관玉枕關이다. 문외한이 보기에 흥미로운 건 배꼽(㉑) 부분이다. 배꼽 부분의 아랫배에 여러 겹의 주름이 그려져 있다. 웬 주름? 쭈글쭈글한 노인의 몸인가?

생물 교과서에 실린 정교한 인체해부도나 '인체의 신비전'에서 온갖 방식으로 해부된 시체들을 직접 관람한 사람들이라면 곧장 이런 상념들이 스쳐 지나갈 것이다. '무슨 해부도가 이래? 무식하기 그지 없군. 하긴 그 시절에 시체를 해부하기가 쉽지 않았을 테니 의사들이 몸 안을 어떻게 봤겠어? 그러니 대충 감으로 잡아서 재현할 수밖에 없었을 거야. 드라마 <허준>에도 나오잖아. 오죽 해부하기가 어려우면 스승이 자기 몸을 바쳐서 제자에게 해부를 하게 해줬겠어?'

앞에서도 언급했듯이 대부분의 사람들은 해부학이야말로 근대 임상의학의 전유물인 것처럼 단정한다. 거기에는 시체를 해부해 봐야만 병의 전모를 파악할 수 있다는 암묵적 전제가 깔려 있다. 하지

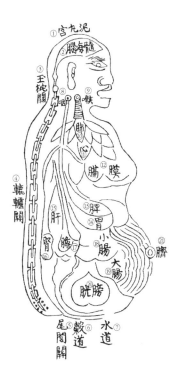

신형장부도

1. 니환궁
2. 수해뇌
3. 옥침관
4. 녹로관
5. 미려관
6. 곡도
7. 수도
8. 인
9. 후
10. 폐
11. 심
12. 격막
13. 비
14. 위
15. 간
16. 신
17. 담
18. 소장
19. 대장
20. 방광
21. 제(배꼽)

만 이건 난센스다. 본다고 다 아는가? 엑스선 촬영사진을 보면 병인이 다 드러나는가? 초음파 기록을 보고 정상, 비정상을 판별할 수 있는가? 한때 '아는 만큼 보인다'는 말이 유행한 적이 있다. 문화유산이나 자연경관도 그러한데 하물며 인체와 질병에 있어서랴. 오랫동안 앞을 보지 못하다가 눈을 뜬 맹인이야기를 기억하는가? 그에게는 보는 것 자체가 혼란이다. 색채들의 망망대해, 거기에서 무엇이 사실이고 무엇이 허구인가? 그에게는 눈을 감아야 비로소 세상이 보인다. 그런데도 우리는 '보이는 것'에 집착한다. 보면 안다, 아는 것은 보이는 것이다, 라고 믿어 의심치 않는 것이다. 이름하여 '시각의 우상'이라고 할 수 있을까.

'비가시적인 것'의 가시성

자, 여기가 바로 허준이 푸코를 만나는 지점이다. 푸코는 『임상의학의 탄생』을 통해 이렇게 말한다. 18세기 이후 '보임'과 '보이지 않음'을 나누던 지식의 경계가 변화했다. 데카르트에게는 해부학을 통한 관찰이, 말브랑슈에게 있어서는 현미경을 통한 관찰이 가장 정확한 방법이었다. 그들의 목적은 인간의 몸을 보다 투명하게 부각시키는 것이었다. 해부학이 임상의학의 중추가 된 것도 이런 맥락에서다. 그런데 푸코에 따르면, 일반적인 통념과는 달리, 해부학은 임상의학의 거의 최종단계에서 발전했다. 그것은 신체의 표면을 볼 뿐만 아니라 숨겨져 있는 질병의 위치를 드러내기 위해 신체의 표면을 관통하는 임상적 방법을 위한 공간을 마련해 주었다. 다시 말해, 의사에 의해 면밀히 조사되는 표면은 단순히 외적 신체를 형성하는 부분만이 아니라 해부학적인 절개에 의해 열려진 부분까지이다. 이전의 의학이 가장 먼저 지각할 수 있는 것은 신체 표면 위에서 볼 수 있는 현상들이었지만 이제는 그러한 "피상적인" 가시성을 꿰뚫고 병리해부학에 의해 드러난 신체의 "근본적인 가시성"을 다룬다. '가시적인 비가시성'의 구조. 그럼으로써 병리해부학은 "객관적이고 실제적이며 결국에 가서는 질병을 설명하는 확실한 기초"로 보이게 되었다.

그런 점에서 '신형장부도'는 서양의 해부도와는 판연히 다르다. "이 해부도는 각 기관에 실체를 부여하고, 그 기관 사이의 관계를 유기적으로 이해하도록 한 게 특징이다. 즉 몸 안에서 기의 통로가 어떻게 비롯되며, 그것이 어떻게 오장육부 등 생리작용과 연결되는지를 보여 주기 위한 것이다." 즉, "허준이 중점을 둔 것은 생명의 근본이라 할 수 있는 몸 안의 기와 정신을 수양하는 것이었다. 그것은 살아 있는 신체를 통해서 구현되는 것이지 죽은 시체의 해부를 통해서 이루어지는 것이 아니다."신동원, 『조선사람 허준』, 37쪽 그러므로 배꼽의 주름은 바로 살아 숨쉬고 있는 모습을 표현하고 있는 것이다.

그리고 이 그림에선 보이는 것보다 '보이지 않는 것'이 더 중요하다. 미려관, 녹로관, 옥침관은 바로 정기가 오르내리는 통로다. 정기精氣, 그것은 보이지 않는다. 그것은 인체의 내부에 있는 것도, 외부에 있는 것도 아니다. 안팎에 두루 걸쳐 있다. 하지만 생명을 운용하는 원천이자 양생의 토대인 까닭에 그것이 움직이는 통로를 그려 넣은 것이다. 그에 반해 멀쩡한 사지는 간단히 생략해 버렸다. 누구나 볼 수 있지만, 바로 그렇기 때문에 굳이 그려 넣을 필요가 없다고 여긴 것이다. 임상의학이 '가시적인 비가시성'의 구조라면 『동의보감』은 '비가시적인 것의 가시성'이라고 할 수 있을까?

물론 이 둘은 대칭적인 짝이 아니다. 전자와 달리 후자는 '가시성과 비가시성' 사이의 경계 자체가 고정되어 있지 않다. 무엇을 '볼' 것인가는 시선이 놓여진 위치, 시선과 대상이 맺는 관계에 따라 끊임없이 변화하는 것이기 때문이다.

3. 은유는 없다!

'통즉불통'(通則不痛)

손진인은 "천지에서 존재하는 것 가운데 사람이 가장 귀중하다. 둥근 머리는 하늘을 닮았고 네모난 발은 땅을 닮았다. 하늘에 사시四時가 있듯이 사람에게는 사지四肢가 있고, 하늘에 오행五行이 있듯이 사람에게는 오장五臟이 있다. 하늘에 육극六極이 있듯이 사람에게는 육부六腑가 있고, 하늘에 팔풍八風이 있듯이 사람에게는 팔절八節이 있다. 하늘에 구성九星이 있듯이 사람에게는 구규九竅가 있고, 하늘에 12시十二時가 있듯이 사람에게는 12경맥이 있다. 하늘에 24기二十四氣가 있듯이 사람에게는 24개의 수혈이 있고, 하늘에 365도가 있듯이 사람에게는 365개의 골절이 있다.

하늘에 해와 달이 있듯이 사람에게는 두 눈이 있고, 하늘에 밤과 낮이 있듯이 사람은 잠이 들고 깨어난다. 하늘에 우레와 번개가 있듯이 사람에게 희로喜怒가 있고, 하늘에 비와 이슬이 있듯이 사람에게는 눈물과 콧물이 있다. 하늘에 음양이 있듯이 사람에게는 한열寒熱이 있고, 땅에 샘물이 있듯이 사람에게는 혈맥이 있다. 땅에서 풀과 나무가 자라나듯 사람에게는 모발이 생겨나고, 땅속에 금석이 묻혀 있듯이 사람에게는 치아가 있다. 이 모든 것은 사대四大와 오상五常을 바탕으로 잠시 형形을 빚어 놓은 것이다"고 하였다.

허준, 『대역對譯 동의보감』, 윤석희·김형준 외 옮김, 대한형상의학회 감수, 동의보감출판사, 2005, 10쪽 사대성형四大成形 : 불교에서 논하여 말하기를 "사람은 지수화풍地水火風이 화합하여 만들어진다. 근골과 기육은 모두 지地에 속하고, 정혈과 진액은 모두 수水에 속하며, 호흡과 따뜻함은 모두 화火에 속하고, 정신 활동은 모두 풍風에 속한다. 그러므로 풍이 멎으면 기가 끊어지고, 화가 꺼지면 몸이 차가워지며, 수가 마르면 피가 없어지고, 토가 흩어지면 몸이 갈라진다"고 하였다.

허준, 『대역 동의보감』, 12쪽

『동의보감』 제1편 「내경편」의 서곡에 해당되는 대목이다. 허준이 바라보는 생명관, 우주관이 한눈에 집약되어 있다. 쉽게 말하면, 인체는 대우주의 여러 형상이 고스란히 반영된 '소우주'라는 것. 여기서 유의할 점 하나. 이런 유의 언술을 유비추리로 읽어서는 곤란하다. 즉, 인체를 우주의 형상에 '비유적으로' 대응시키는 것이 아니라, 인체와 지수화풍, 천지자연이 그대로 열린 평면 위에 공존하고 있음을 말하고 있는 것이다.

허준은 생명의 원천인 정精, 인체의 생리적인 운용을 담당하는 기氣, 정신활동의 주체인 신神을 『동의보감』의 기둥으로 삼았다. 이것들이 원활하게 작용하려면 인체는 우주와 '통'해야 한다. 그 통하는 바의 크기와 넓이가 바로 그 신체의 능력capacity이다. 통하면 아프지 않다通則不痛! 그런 점에서 들뢰즈·가타리의 말대로 여기서 "은유는 없다." 예컨대 모든 낱말이 말뜻 그대로가 된다. 기막히다, 기절하다, 기죽이다, 냉정하다 등등. 더 비근한 예를 들면, 기쁨과 웃음은 발산되고, 슬픔과 눈물은 하강한다. 그래서 슬픔이 깊으면 몸의 기운이 침전되어 무게를, 중력을 갖는다. 그 극한이 '한'이고, '귀신'이다. 한은 슬픔의 기억에 붙들려 감정이 화석처럼 딱딱하게 굳어 버린 경우고, 귀신은 한이 깊어 그대로 '얼어붙은' 존재다. 그러면 어째서 웃음과 유머가 사람들 사이를 통하게 해주는지, 기의 흐름이라는 관점에서 충분히 이해할 수 있을 것이다.

대체의학

흥미롭게도 최근 뇌과학 및 대체의학은 정신을 본격적으로 다루기 시작했다. 마음을 과학의 대상으로 삼은 것이다. 물론 "마음은 하나의 과정이지 재료가 아니다." 하지만 "현대과학은 물질로부터 특별한 과정들이 발생할 수 있음을 보여 준다."에델만, 『신경과학과 마음의 세계』, 23쪽 예를 들면 이런 식이다.

> "몸은 정보와 에너지가 흐르는 강이다."노스럽, 『여성의 몸 여성의 지혜』, 54쪽
> "믿음과 기억은 몸에 만들어진 생물학적 물질이다."노스럽, 앞의 책, 64쪽
> "에너지의 흐름이 정체되는 곳에서 질병을 일으키게 된다. 결국 세포들 사이의 정보의 흐름이 막힌 것과 같기 때문이다. 이렇듯 세포간의 정보교환을 저해하는 육체적인 장애가 암의 원인이 된다."노스럽, 같은 책, 96쪽

기억과 신념이 물질이라니. 하긴, 정말 그렇지 않은가? 우리가 품고 있는 생각들은 세포 깊숙이 터를 내리고 있어 내 뜻대로 움직이질 않는다. 따라서 기억을 떨치거나 신념의 구조를 바꾸려면 결국 몸에 각인된 습쵤을 바꾸는 수밖에 없다. 그래야 세포가 새로운 기억 속으로 들어갈 테니까. 그저 마음만 고쳐 먹는 것으로는 절대 불가능한 일이다.

또한 암의 원인을 에너지의 흐름이나 세포 간의 정보불통으로 보는 것도 명쾌하기 그지없다. 보통은 암의 원인이 그저 과도한 스트레스 혹은 발암물질이라고 하는데, 그건 사실 막연하기 짝이 없는 표현이다. 도무지 대책이 없다. 하지만, 위와 같은 방식으로 원인이 파악되면, 몸이 원하는 바가 무엇인지, 어떻게 일상을 조직해야 하는지 구체적인 감을 잡을 수 있다. 더 나아가 질병을 통해 자신의 몸과 삶에 대한 깊은 통찰이 가능해진다. 일본의 유명한 대체의학자 아보 도오루安保徹는 이렇게 말한다. "지금까지의 의학에서는 암이란, 외부에서 무엇인가 나쁜 존재가 들어와 암유전자에 작용하여 발병하는 것이라고 생각해 왔다. …… 그러나 백혈구의 자율신경계 지배를 이해하면 발암의 원인은 분명히 몸 안에 있다는 것, 즉 우리의 생활 그 자체가 암의 원인이라는 사실을 깨닫게 될 것이다." 그러므로 "암에 걸렸다는 것은 지금까지의 생활방식에 강한 스트레스를 비롯한 여러 문제가 있었다는 뜻이어서", "생활방식 전체를 바꾸지 않으면 환자가 발암을 촉진하는 면역 억제상태에서 벗어날 수 없"다. 아보 도오루, 『면역혁명』, 이정환 옮김, 부광, 2003, 25~29쪽 이런 점에서 감정이나 의식, 기타 모든 정신활동 역시 신체를 떠나서는 생각할 수 없다. 『여성의 몸 여성의 지혜』의 이야기를 좀더 들어 보자. 저자에 따르면, 우리의 신체기관은 신경 펩티드로 알려진 화학적 메신저를 매개로 뇌와 직접 교감한다. 과거에는 신경 펩티드를 수용하는 분자가 뇌와 신경조직에만 있는 것으로 생각되었지만 지금은 신체 모든 곳에 있는 것으로 알려져 있다. 결국 이러한 화학적 물질을 매개로 생각과 감정이 몸에 직접 영향을 미치는 것이다. 호르몬 또한 생각과 감정을 전달하는 메신저이다. 면역세포도 그러한 메신저를 수용하는 분자를 지니고 있다. 난소와 자궁 역시 생각과 감정에 영향을 미치는 신경전달 호르몬인 에스트로겐과 프로게스테론을 만들어 내며, 뇌와 면역체계에서 보내는 메시지를 받을 수 있는 수용체를 지니고 있다. 따라서 우리가 슬픔을 느낄 때면 신체기관도 슬픔을 느끼면서 그 기능에 영향을 받게 된다는 것이다.

그럼 "자궁, 난소, 백혈구, 심장이 뇌와 똑같은 화학물질을 만들어 낸다면" 정신은 우리 몸의 어디에 있는가? 저자는 이렇게 답한다. "정신은 우리 몸 전체에 있다." 그리고 이렇게 덧붙인다. "이제 정신을 뇌나 지능으로 한정시켜 편협하게 생각해서는 안 된다. 정신은 우리 몸을 이루는 모든 세포 속에 존재한다. 우리 몸의 세포는 모든 생각, 우리가 느끼는 모든 감정에 대해서도 그에 상응하는 생화학물질을 갖는다."노스럽, 『여성의 몸 여성의 지혜』, 55~56쪽

어떤가. 이 정도면 개념어 및 개념의 배치는 다를지언정 『동의보감』과 충분히 '통'할 만하지 않은가. 임상의학이 막다른 골목에서 '오

도 가도' 못하고 서성이는 동안, 대체의학과 한의학은 이만큼 가까워
진 것이다.

'유머' — 민옹(閔翁)의 치료법

잠깐 쉬어 가는 코너. 연암은 17~18세경 심각한 우울증을 앓은 적이
있다. 거식증에 불면증까지 겹친 상당한 중증이었다. 연암은 병을 치
료하기 위해 저잣거리를 떠도는 이야기꾼들을 찾아다니다 민옹이라
는 걸출한 인물을 만났다. 그는 일흔셋의 노인이었다. 다음은 이 노
인이 청년 연암과 나눈 대화다.

> "그대는 무슨 병인가? 머리가 아픈가?"
> "아닙니다."
> "배가 아픈가?"
> "아닙니다."
> "그렇다면 병이 든 게 아니구먼."
>
> 박지원, 「민옹전」, 『연암집』 (하), 신호열·김명호 옮김, 돌베개, 2007, 167쪽

그러더니 민옹은 미닫이를 밀어젖히고 들창을 열었다. 창을 통
해 바람이 불어왔다. 그러자 연암도 마음속이 시원해지는 느낌을 받
았다. 일단, 민옹은 연암의 무겁게 가라앉은 마음을 끌어올려 준 것
이다.

"저는 단지 밥을 잘 먹지 못하고 밤에 잠을 잘 못 자는 것이 병입니다" 했더니, 옹이 일어나서 나에게 축하를 하는 것이었다.

나는 놀라며, "옹은 어찌하여 저에게 축하를 하는 것입니까?"

"그대의 집안이 가난한데 다행히 밥을 잘 먹지 못하고 있으니 재산이 남아돌 게고, 잠을 못 잔다면 밤까지 겸해 사는 것이니 남보다 갑절 사는 턱이 아닌가. 재산이 남아돌고 남보다 갑절 살면 오복 중에 수壽와 부富 두 가지는 이미 갖춘 셈이지." 박지원, 「민옹전」, 『연암집』 (하), 167쪽

상황을 뒤집어 버림으로써 심각한 상황을 유머러스하게 재구성하고 있는 것이다. 일종의 유머치료법을 시도하고 있는 셈. 그 다음은 더 흥미롭다. 연암이 밥상 앞에서 얼굴을 찡그리고 이것저것 집어서 냄새만 맡고 있자, 민옹은 버럭 화를 내면서 나가려고 한다. 연암이 놀라서 연유를 물었다. "그대가 손님을 초대해 놓고는 …… 혼자만 먼저 먹으려 드니 예의가 아닐세." 연암은 깊이 사과하면서 민옹의 밥상을 차려 내온다. 그러자 민옹은 조금도 사양 않고 옷소매를 걷어올린 다음 숟가락과 젓가락을 왈각달각 놀리는데 옆에서 보고 있던 연암이 저절로 입에 침이 돌고 구미가 당겨 같이 밥을 먹는다.

밤이 되자 민옹은 어려운 경서를 외우자고 내기를 건다. 연암이 채 다 훑어보기도 전에 자신은 다 외웠다고 한다. 연암이 기를 쓰고 외우려 하다 고만 잠이 들어 버렸다. 아침에 일어났더니 민옹이 하는 말, "나는 처음부터 아예 외우지를 않았다네." 거식증과 불면증에 시

달리던 환자를 먹이고 재웠으니 이보다 더 신통한 의사가 어디 있을까. 그런데 민옹이 지닌 의술이라곤 오직 유머밖엔 없다. 상황을 이리저리 변주하면서 환자에게 의욕과 활기를 불어넣는 힘이 다 유머에서 나온다.

웃음이 아토피와 암도 치료할 수 있다는 이야기를 아직 잊지 않았으리라. 의학 보고서에 따르면, 웃음은 혈관이 굳는 것을 막아 주기 때문에 혈액순환을 돕고 면역체계를 활성화한다고 한다. 아보 도오루의 책 『면역혁명』에는 스웨덴의 한 박사가 불치병에 걸리자 온종일 코미디 영화와 유머서적을 보면서 병을 이겨냈다는 기적 같은 이야기도 나온다. 웃음이야말로 에너지의 흐름과 세포들의 정보교환을 원활하게 해주는 최고의 전략이자 무기라는 걸 그 사람은 일찌감치 깨친 것이다. 연암의 우울증을 멋지게 치료해 준 민옹이 그러했듯이.

'비움'—양생의 요체

다시 『동의보감』으로 돌아가 보자. 인간의 생로병사 역시 우주적 흐름과 함께한다. 여성은 7을 단위로, 남성은 8을 단위로 성장, 소멸해 간다. 다소 길지만 한번쯤 참고해 볼 만하다.

> **연로무자**年老無子 : 기백岐伯이 "여자는 7세에 신기腎氣가 성해져서 치아를 갈고 머리카락이 자라납니다. 14세에는 천계天癸가 이르러 임맥任脈이 통하고 태충맥太衝脈이 성해져 월경이 때맞추어 나오므로

자식을 가질 수 있습니다. 21세에는 신기가 고르게 되므로 사랑니가 나고 다 자랍니다. 28세에는 근골이 든든해지고 머리카락이 다 자라며 몸이 튼튼해집니다. 35세에는 양명맥陽明脈이 쇠하여 얼굴에 윤기가 없어지기 시작하고 머리카락이 빠지기 시작합니다. 42세에는 삼양맥三陽脈이 상부에서부터 쇠약해져 얼굴에 윤기가 없어지고 머리카락이 희어지기 시작합니다. 49세에는 임맥任脈이 허해지고 태충맥太衝脈이 쇠하여 천계가 마르니 월경이 끊어집니다. 그러므로 형이 무너지고 자식을 가질 수 없습니다.

남자는 8세에 신기가 실해져서 머리카락이 자라나고 치아를 갑니다. 16세에는 신기가 성해지고 천계가 이르러 정기가 넘쳐 흐르고 음양이 조화되어 자식을 가질 수 있습니다. 24세에는 신기가 고르게 되고 근골이 강해지므로 사랑니가 나고 다 자랍니다. 32세에는 근골이 융성해지고 기육이 장성해집니다. 40세에는 신기가 쇠하여 머리카락이 빠지고 치아가 마릅니다. 48세에는 양기가 상부에서부터 쇠하여 얼굴이 초췌해지고 머리카락이 희끗희끗해집니다. 56세에는 간기가 쇠하여 근을 움직일 수 없고 천계가 다하여 정이 줄어들며 신장이 쇠하여 형이 모두 극에 이릅니다. 64세에는 치아와 머리카락이 빠집니다. 신腎은 수水를 주관하고 오장육부의 정을 받아 저장합니다. 그러므로 오장이 성해야 정을 내보낼 수 있는데 지금 오장이 모두 쇠하여 근골이 늘어지고 천계가 끝이 났습니다. 그래서 머리카락이 희어지고 몸이 무거우며 걸음걸이가 바르지 못하고 자식을 가질 수 없게 됩니다"라고 하였다.

허준, 「내경편」, 『대역 동의보감』, 13쪽

그렇기 때문에 허준의 목표는 질병의 치유가 아니다. 양생을 통해 '요절할 사람을 장수하게 하고, 장수하는 이는 신선이 되게' 하는 것이다. 몸과 우주가 하나되는 절대적 탈영토화의 경지, 신선! 허준의 의학체계는 수천 년간 이어져 온 양생술 위에서 구축되었다.

그런데 양생의 요체는 다름 아닌 '비움'에 있다. 민옹에 따르면, 가난한 이가 신선이라 한다. 부자는 세상에 애착이 많지만, 가난한 이들은 세상에 집착이 없을 테니 그게 곧 신선이 아니냐는 것이다. 욕심만큼 양생에 치명적인 건 없다는 뜻이다. 도사 백옥섬白玉蟾은 '없을 무無' 자 한 글자를 양생의 요체로 삼았고, 도사 송제구宋齊丘 또한 '잊을 망忘' 자 한 글자를 수양의 근본으로 삼았다고 한다.

비움은 그저 인성론적 윤리가 아니다. 우주만물이 움직이는 물리적 이치이기도 하다.

심장의 형태는 아직 피지 않은 연꽃과 같고 가운데에 9개의 구멍이 있다. 천진天眞의 기운을 끌어당기며 신神의 집이다. …… 매우 지혜로운 사람은 심장에 7개의 구멍과 3개의 털이 있고, 지혜로운 사람은 심장에 5개의 구멍과 2개의 털이 있으며, 지혜가 조금 있는 사람은 심장에 3개의 구멍과 1개의 털이 있다. 보통사람은 심장에 2개의 구멍이 있으나 털은 없으며, 어리석은 사람은 심장에 1개의 구멍이 있고, 가장 어리석은 사람은 심장에 아주 작은 1개의 구멍이

있거나 구멍이 없어 신이 출입할 문이 없다. …… 심장에는 7개의
구멍과 3개의 털이 있다. 7개의 구멍은 북두칠성에 대응되고 3개의
털은 삼태성三台星에 대응된다. 그러므로 마음이 지극히 진실하면
하늘이 응하지 않는 바가 없다.

허준, 「내경편」, 『대역 동의보감』, 241쪽

한마디로 심장이라는 기관을 통해 '천인감응'天人感應이라는 원리
를 유물론적으로 제시하고 있다. 여기서 심장은 인체 안에 갇혀 있는
것이 아니라 북두칠성, 삼태성 등과 '통'하는 열린 기관이다. 안에 있
기도 하고, 밖에 있기도 한 기관. 그렇기 때문에 지혜로운 사람이 구
멍이 많은 것은 당연하다. 이처럼, 열림과 비움은 실제로 신체 안에
서 물리적으로 작용하고 있다. 따라서 이런 언술 역시 절대 은유가
아니다!

그런데 무슨 의서가 이렇게 황당할 정도로 고매한가? 추상적 차
원에서만 그런 것이 아니라, 구체적인 보양책도 그렇다. 「내경편」 신
형身形 부분에 있는 '섭양요결'攝養要訣 항목을 보면 "첫째, 말을 적게 하
면서 속에 있는 기운을 보양한다. 둘째, 성생활을 조절하면서 정기를
보양한다. 셋째, 기름기 없는 음식을 먹어 혈기를 보양한다. 넷째, 침
을 삼켜서 오장기운을 보양한다. 다섯째, 성을 내지 않고 간기를 보
양한다. 여섯째, 맛있는 음식으로 위기를 보양한다. 일곱째, 사색과
걱정을 적게 하여 심기를 보양한다." 요컨대 비우고 또 비우라는 것
이다. 이런 관점에서 보면 '열심熱心히 살라'는 말은 죽으라는 말과 같

다. 한의학적 관점에서 심장이 열을 받는다는 건 양생에 치명타가 되기 때문이다.

이쯤 되면, 질병에 대한 예방책이 아니라 무슨 수행 지침서처럼 보인다. 왜냐하면 우리의 표상체계에서 의학이란 질병에 '대한' 것일 뿐, 그 이상도 이하도 아니기 때문이다. 임상의학의 도래와 함께 우리는 양생과 관련된 지혜와 비전을 몽땅 잃어버렸다. 평상시 신체를 어떻게 조절하고, 일상의 리듬을 어떻게 구성해야 하는지, 생로병사의 과정을 어떻게 사유해야 하는지 등은 의학의 영역에서 완전 배제되어 버렸다. 양생과 의술의 돌이킬 수 없는 결별. 오로지 병에 걸리지 않는 것, 세균을 축출하는 것만이 목표가 되었다. 하루에 한 번씩 샤워를 하고, 손을 강박적으로 씻어 대고, 끊임없이 소독을 해대는 것만이 유일한 '노하우'다.

몇 년 전 강남의 초등학생들 머리에 이나 서캐가 많다는 뉴스를 들었다. 강원도 산간지방도 아니고, 웬 강남에? 위생관념이 없어서인가? 목욕시설이 없어서? 그렇게 좋은 공간에서 날마다 깔끔하게 씻었을 텐데. 더 충격적인 건 겨울철에도 모기가 극성을 부린다는 것. 심지어 뇌염환자까지 출현했다. 미생물과 벌레들의 적응력은 이토록 놀라운 법이다. 그럼 이젠 어떻게 해야 하나? 이 벌레들을 박멸할 새로운 무기를 발명해야 하나? 그럼 그 다음엔?

요컨대, 양생이 신체의 '절대적 탈영토화'의 경지를 추구한다면, 위생은 인간을 한없이 왜소하게 만든다.

은유로서의 질병

그와 더불어 모든 말들은 은유로 화했다. 푸코는 말한다. "임상의학적 시선은 자신이 사물을 인식하는 순간에 언어를 들을 수 있는 역설적인 성격을 가지고 있다. 임상의학 안에서 드러나는 것들은 본질적으로 말하는 것이다. 임상의학과 실험의 대비는 언어——우리가 듣는 언어, 즉 우리가 인식하는 언어——와 우리가 제기하는 문제 사이에 드러나는 차이를 은폐한다."푸코, 『임상의학의 탄생』, 193쪽 몸과 자연이, 말과 사물이 서로 다른 길을 가면서 보이는 것과 말해지는 것이 투명하게 일치되었기 때문이다.

그럼으로써 몸이 외부와 맺는 관계는 오직 은유를 통해서만 말해지게 되었다. 왜냐하면 인간은 인간과 동물, 인간과 자연, 인간과 대기, 그 사이에서 가능했던 변이와 생성의 능력, 즉 '되기'의 능력을 몽땅 잃어버렸기 때문이다. 따라서 근대인들은 상징이라든가 비유 같은 메타포 없이는 사유할 수도, 말할 수도 없다. 역설적이게도 은유가 범람할수록 언표의 두께는 얇아진다.

푸코는 묻는다. 대체 이런 식의 앎이 언제부터 출현했던가? 그리고 이렇게 답한다. "질병이 자리잡은 신체와 병든 사람의 신체가 완전히 일치하는 경우는 오히려 우연적인 몇몇의 경우에만 가능한 일이다."푸코, 앞의 책, 33쪽 그러므로 "역설적인 현상은 환자는 자신이 앓고 있는 질병에 대해서 단지 외부적인 존재에 불과하다는 것이다. 따라서 의사들은 질병을 관찰하면서 환자라는 존재를 괄호 안에 남겨 둔다."푸코, 같은 책, 40쪽 그리하여 '수술은 성공했습니다. 그러나 환자는 죽었습니다'라는 웃지 못할 아이러니가 심심치 않게 연출된다. "문명의 한 형태로서 병원이란 인위적인 장소임에 틀림없다. 그곳에서는 질병이 자신의 원초적인 모습을 잃어버리기 쉬울 뿐 아니라 의사들이 마구 불러 대는 새로운 이름의 질병으로 탈바꿈되기 마련이다." 요컨대 "병원에서는 어떠한 질병도 순수한 모습으로 남아 있을 수 없다." 같은 책, 53쪽

결국 자연과 사물과 마찬가지로 질병 또한 은유로서만 존재하게 되었다. 은유로서의 질병. 더 정확히 말하면, 근대인들은 질병이 몸 안에서 '생성 소멸'하는 생생한 과정이 아니라, 다만 질병의 은유가 만들어내는 망상 속에 붙들려 사는 셈이다.

4. 질병, 섹스, 죽음에 대해 알아두어야 할 두세 가지 것들

생긴 대로 병이 온다

『동의보감』의 편제는 몸의 내부에 해당하는 「내경편」과 몸의 외부에 해당하는 「외형편」外形篇, 질병의 세계에 해당하는 「잡병편」雜病篇으로 나뉘고 이후 약물에 대한 부분은 「탕액편」湯液篇으로, 침구치료에 관해서는 「침구편」鍼灸篇으로 되어 있다. 즉, 허준은 이전의 의서가 취했던 질병 위주의 배열에서 벗어나 사람의 몸을 중심으로 한 분류를 취하고 있는 것이다. 물론 이전의 의서도 병을 탐구하다 보면 천지의

원리를 터득하게 되기는 한다. 하지만 허준은 이런 배치를 더욱 강도 높게 밀고 나가 아예 의서를 넘어 거대한 자연철학을 구축하고 있다. 예컨대, 한의학의 대표적인 질병인 중풍과 상한병을 독립 항목으로 설정하지 않고 각기 '풍'風과 '한'寒의 하위 부류로 설정한 점만 해도, 그가 의학 내부 전통보다 자연철학적 논리를 더 중시했음을 말해 주고 있다. 신동원, 『조선사람 허준』, 191쪽

질병이란 불인不仁, 곧 정精·기氣·신神·혈血이 원활하게 운행되지 못할 때 생기는 것이다. 그렇다면 치유란 모자란 것을 채워 주고, 막힌 것을 뚫어 매끄러운 흐름을 만들어 주면 된다. 그런데 문제는 그 양상과 추이가 사람에 따라 매우 상이하다는 점이다. 타고난 체질 및 환경조건과 맺는 관계가 다 다르기 때문이다. 따라서 치유는 그 차이를 파악하는 데서부터 시작한다.

주단계朱丹溪는 "사람의 형은 긴 것이 짧은 것만 못하고 큰 것이 작은 것만 못하며 살찐 것이 마른 것만 못하다. 사람의 색은 흰 것이 검은 것만 못하고 옅은 것이 짙은 것만 못하며 엷은 것이 두터운 것만 못하다. 더욱이 살찐 사람은 습이 많고 마른 사람은 화火가 많으며, 흰 사람은 폐기가 허하고 검은 사람은 신기腎氣가 넉넉하다. 사람마다 형색이 이미 다르면 오장육부 역시 다르기 때문에 외증이 비록 같더라도 치료법은 매우 다르다"허준, 「내경편」, 『대역 동의보감』, 10쪽고 하였다.

더 구체적으로 짚어 보면, 여성은 음기가 강하기 때문에 주로 뭉치는 게 병이 되는 반면, 남성은 양기가 강하기 때문에 흩어지는 것이 병이 된다. 여성에게 한기寒氣가 치명적인 건 바로 그 때문이다. 특

히 아랫배가 차가워지면 종양이 생길 가능성이 높아진다. 그런가 하면 살찐 사람은 '한증과 습증'이 많고 여윈 사람은 '열증과 조증'이 많다. 노소, 빈천에 따라서도 병의 증상이 다르게 나타난다. 이외에도 성정과 성장환경에 따라 더 세부적으로 구분될 수 있다. 요컨대, 몸의 안과 밖을 감싸고 있는 다양한 조건들을 두루 파악해야 근본적인 치료가 가능한 법이다. 그런 점에서 의사에겐 그 차이들을 단번에 간파할 수 있는 직관력이 요구된다. 그리고 이때 차이를 안다는 건 인간과 외부를 두루 관통한다는 걸 의미한다. 따라서 한의학에 있어서 훌륭한 명의란 반드시 자연철학자가 될 수밖에 없다.

그에 반해 임상의학은 건강의 과학이 아니라 '정상성의 과학'이다. 즉, 의사는 단지 신체를 질병이 없는 건강한 상태로 복구시키는 어떤 사람이 아니라, 인간의 이상적인 신체 상태의 규범을 적극적으로 결정하는 표준들의 조정자로서 간주된다. 그리하여 개별신체들의 차이들 위로 전체의 평균성이 우뚝 솟아오른다. 정상/비정상이라는 척도에 입각하여 질병의 분류표가 다시 작성된다. 멀쩡한 경우도 병으로 분류되는가 하면, 몹시 아픈데도 병이 아니라는 진단이 내려지는 건 바로 이 때문이다.

상식적인 말이지만, 『동의보감』의 배치에서 몸과 마음은 둘이 아니다.

이도요병以道療病 : 태백진인이 "그 질병을 치료하려면 먼저 그 마음을 다스려야 한다. 먼저 그 마음을 바르게 해야만 도에 의지할 수 있다"고 하였다. 병자로 하여금 마음속에 있는 의심과 생각들, 모든 망념과 모든 불평, 모든 차별심을 다 없애고 평소 자신이 저질렀던 잘못을 깨닫게 하면, 곧 몸과 마음을 비우고 자기의 세계와 사물의 세계를 일치시킬 수 있다. 이 상태가 지속되어 마침내 신이 모이게 되면 저절로 마음이 편안하게 되고 성정이 화평하게 된다. …… 이와 같으면 약을 먹기도 전에 질병은 사라진다.

허준, 「내경편」, 『대역 동의보감』, 19쪽

대체의학을 다룰 때 이미 습득했듯이, 여기서도 마음이란 어디 별도의 장소에 있는 것이 아니라, 몸 속에, 몸과 함께 있다. 『동의보감』의 사상적 토대가 되는 도교적 '뇌주설'에 입각할 때 뇌가 특히 중요하지만, 그렇다고 거기서도 뇌를 특권적으로 다루지는 않는다. 오히려 성정의 차원에서 가장 중요한 거처는 오장육부다.

오지상승위치五志相勝爲治 : 『내경』『황제내경』을 말함에 "간의 지志는 성냄이다. 지나치게 화를 내면 간이 상하는데 슬픔은 성냄을 이긴다. 심心의 지는 기쁨이다. 지나치게 기뻐하면 심이 상하는데 두려움은 기쁨을 이긴다. 비脾의 지는 생각이다. 지나치게 생각하면 비가 상하는데 성냄은 생각함을 이긴다. 폐의 지는 걱정이다. 지나치게 근심하면 폐가 상하는데 기쁨은 근심을 이긴다. 신腎의 지는 두려움이다. 지나치게 두려워하면 신이 상하는데 생각함은 두려움을 이긴다"고 하였다.

주단계가 "오지五志의 화火가 뭉쳐 담이 되어 전광癲狂: 광증이 생겼을 때는 마음[人事]으로 조절한다. 가령 성내어 간이 상하면 근심으로 꺾고 두려움으로 풀어 준다. 기뻐하여 심이 상하면 두려움으로 꺾고 성냄으로 풀어 준다. 생각을 많이 하여 비가 상하면 성냄으로 꺾고 기쁨으로 풀어 준다. 근심을 하여 폐가 상하면 기쁨으로 꺾고 생각을 많이 하여 풀어 준다. 두려움으로 신이 상하면 생각으로 꺾고 근심으로 풀어 준다. 놀라서 담을 상하면 근심으로 꺾고 두려움으로 풀어 준다. 슬픔으로 심포가 상하면 두려움으로 꺾고 성냄으로 풀어 준다"고 하였다.

허준, 「내경편」, 『대역 동의보감』, 113쪽

요컨대, '희로애락애오욕喜怒哀樂愛惡慾'이 장부별로 배속되어 있다는 것이다. 참, 신기하지 않은가. 이렇게 본다면, 사람들의 성격이란 것도 장기의 특성과 긴밀하게 연계되어 있는 셈이다. 호르몬 요법으로 우울증이나 신경쇠약 등을 치료하는 방법과 유사하면서도 차이가 있다. 성정을 물질적 차원에서 접근한다는 점에서는 상통하지만, 전자의 경우엔 양생적 관점, 곧 자율적 조절의 가능성이 차단되어 있기 때문에 계속해서 약물투여라는 외적 수단에 의존해야 한다. 그에 비해, 『동의보감』식 양생요법은 약물이 아니라, 정서의 편향을 바로잡기 위한 여러 방편이 동원된다. 민옹이 우울증에 걸린 청년 연암을 치료하는 방식이 바로 그 좋은 예다.

실제로 위의 언술 뒤에는 곧바로 그것을 구체적으로 적용한 임상사례 두 가지가 나온다.

어떤 부인이 배가 고파도 음식을 먹으려 하지 않고 늘 성을 내고 욕을 하며 주위 사람들을 죽이려 하고 계속 못된 소리를 하였다. 여러 의사들이 치료하였으나 효과가 없었다. 대인이 이를 보고, "이것은 약으로 치료하기 어렵다"고 하였다. 그리고 기녀 두 명에게 각각 붉은 분을 발라 광대처럼 분장을 시키니 그 부인이 크게 웃었다. 다음 날에는 씨름을 하게 하였더니 또 크게 웃었다. 그리고 잘 먹는 여자 두 명을 늘 옆에 붙여 놓고 음식이 맛있다고 말하게 하였더니 병이 난 여자도 음식을 찾아 맛을 보게 되었다. 며칠이 지나지 않아 성내는 일이 줄고 식사량이 늘어나 약을 주지 않아도 병이 나았다. 나중에는 자식도 하나 낳았다. 의사는 재치가 있어야 하니 재치가 없으면 어떻게 임기응변을 할 수 있겠는가?

곧 혼인하기로 한 여자가 있었다. 남편이 될 사람이 장사하러 가서 2년이 지나도 돌아오지 않았다. 그 여자가 이 때문에 밥을 먹지 않고 바보처럼 힘없이 누워 있기만 하였다. 다른 병은 없이 집 안에서 누워 있거나 앉아 있었다. 이것은 그리워하여 기가 뭉쳤기 때문이다. 약으로만 치료하기는 어렵고 기뻐해야 뭉친 것이 풀릴 수 있다. 그렇지 않으면 성내게 해야 한다. 그리하여 내가 가서 감정을 자극하였더니 크게 성내면서 울부짖었다. 6시간쯤 지나서 부모로 하여금 풀어 주게 하고 약 1첩을 주었더니 먹을 것을 찾았다. 내가, "병

이 나아지긴 하였지만 반드시 기뻐해야 완전히 낫습니다"라 하고
는 남자가 돌아왔다고 거짓말을 하였더니 그 이후로는 병이 생기
지 않았다. 비脾는 생각을 주관하니 생각을 너무 많이 하면 비기가
뭉쳐서 음식을 먹지 못하게 된다. 성내는 것은 간목肝木에 속하는데
성을 내면 목기가 올라가서 비기를 열어젖힌다.

웃기고 울리고, 화내게 하고 심지어 속이기까지 한다. 한마디로,
병을 치료하기 위해 온갖 수단을 다 동원하고 있다. 놀라운 건 의사
가 환자의 몸과 마음의 상태를 정확하게 꿰뚫고 있다는 사실이다. 참
고로, 이런 '임상 서사'에 등장하는 장종정張從正과 주단계는 중국의학
사를 장식하는 전설적인 명의들이다.

결국 질병을 고친다는 건 곧 일상을 재구성하는 것이다. 그렇지
않고는 감정의 흐름을 바꿀 수 없고, 감정의 흐름이 바뀌지 않는 한,
그 거처인 장기가 지속적으로 스트레스를 받는다는 뜻이 되기 때문
이다. 거꾸로 생각하면, 병이란 바로 환자의 생활과 습관, 정서적 활
동의 산물이라 할 수 있다. 그런 점에서 질병이란 몸이 보내는 일종
의 메시지에 해당하는 셈이다. 생각을 고쳐먹으라는 혹은 일상과 관
계를 다르게 구성하라는. 그런 점에서 질병과 몸은 적대적이지 않다.
오히려 삶을 다르게 살도록 추동해 주는 스승이요, 친구인 것이다.

『동의보감』에는 이런 식의 흥미로운 '임상 서사'가 아주 많다. 이
자료들만 다 모아도 그 시대 사람살이의 풍경을 엿보기에 부족함이
없다. 풍속지 혹은 인류학적 보고서라 해도 무방할 정도다.

'정'(精)을 아껴라

『동의보감』을 배울 때 들었던 이야기 한토막이다. 제목은 상사병 치료법. 겪어 본 이들은 알 테지만, 상사병이 들면 아무도 못 말린다. 먹지도 자지도 못하고 시름시름 앓다가 죽을 수도 있다. 우울증 못지않게 치명적인 질병에 속하는데, 이걸 치료하는 방법이 아주 희한하다. 환자가 여성일 경우엔 그 여성이 짝사랑하는 남성이 몸에 지니는 것 가운데 음기가 가장 센 것, 짚신 따위를 구해다 삶아 먹으면 된다. 반대로, 환자가 남성일 경우엔 상대 여성이 몸에 지닌 것 가운데 가장 양기가 센 것, 곧 빨랫방망이나 다듬이 따위를 구해다 역시 삶아 먹으면 된다. 요즘 같으면 아마 운동화나 만년필, 스마트폰 따위가 되려나.(ᄊ) '믿거나 말거나'류의 이야기 같지만, 원리는 상당히 심오하다. 상사병이란 게 마음을 심하게 씀으로써 정기가 쇠잔해진 것이니, 음기 혹은 양기를 보완하여 정서적 균형을 되찾게 해준다는 것.

양생술의 핵심은 뭐니뭐니 해도 방중술이다. 방중술이라? ('야한' 상상은 금물이다.) 허준에 따르면, 정精은 몸의 뿌리이다. 정이 몸보다 먼저 생기며, 오곡을 먹어 생긴 영양분이 정을 만든다. 뼛속에 스며들어 골수와 뇌수의 생성을 돕고, 아래로 음부로 흘러든다. 보통 남자는 평균적으로 겨우 1되 6홉 정도의 정액을 몸에 지니고 있다. 만일 소모하기만 하고 보태 주지 않으면 병이 생긴다. 결국 요체는 정을 아끼라는 것. 아마 『동의보감』 전체에서 가장 많이 등장하는 표현이 이게 아닐까 싶다.

양생의 도는 정액을 보배로 삼는다

중요한 이 보배를 고이고이 간직하라

여자 몸에 들어가면 아이가 태어나고

제 몸에 간직하면 자기 몸을 기른다

아이 밸 때 쓰는 것도 권할 일이 아니어든

아까운 이 보배를 헛되이 버릴쏜가

없어지고 손상함을 자주자주 깨닫지 아니하면

몸 약하고 쉬이 늙어 목숨이 줄어들게 되리라

허준, 「내경편」, 『대역 동의보감』, 43쪽

성욕이 갑자기 생기더라도 반드시 삼가고 억제해야지, 마음을 풀어 놓고 뜻대로 하면 스스로 해를 입게 된다. 한 번 참으면 욕망의 불길이 한 번 꺼지게 되고 기름을 한 번 아낀 셈이 된다. 만약 참지 못하고 욕망에 몸을 맡겨 정을 내보낸다면 등잔의 불이 꺼지려고 하는데 기름을 없애는 격이니, 스스로 막아야 하지 않겠는가?

허준, 앞의 책, 45쪽

양성금기|養性禁忌 : 섭생을 잘 하려는 사람은 하루와 한 달의 금기를 어기지 말고 일 년 사계절에 맞춰 살아야만 한다. 하루의 금기는 저녁에 포식하지 않는 것이고, 한 달의 금기는 그믐에 만취하지 않는 것이고, 일 년의 금기는 겨울에 멀리 여행하지 않는 것이고, 평생의 금기는 밤에 불을 켜고 성생활을 하지 않는 것이다. 허준, 같은 책, 26쪽

이런 관점에서 보면 러브호텔에서 하는 섹스는 최악에 해당한다. 대개 술을 마시고, '벌건' 대낮에 수차례에 걸쳐 할 테니 말이다. 섹스에 관한 양생적 금기를 모두 어겼다는 점에서 일종의 '자살택'에 가깝다. 정을 탕진한 뒤, 다시 비아그라를 통해 정을 보충하기 위해 안간힘을 쓰는 것이 일반적 코스라던데, 이것은 자본주의가 집단적으로 앓고 있는 '타나토스'죽음충동의 일종이다. '죽지 못해 환장한' 사람들의 방중술이라고나 할까.

『동의보감』의 지혜를 한 문장으로 줄이면 '정을 아끼라'라고 할 정도로 정을 소중히 여긴다. 구체적으로 사정을 억제하는 약, 부풀어 오른 음경을 가라앉게 하는 비법, 정이 저장되어 있는 신腎을 단련하는 방법 등을 제시하기까지 한다. 물론 정력을 세게 하는 비법과 약재도 소개되어 있다. 참고로, 정을 보하는 데 좋은 음식물은 달고 향기로운 맛을 내는 것이 아니라, 오직 평범한 맛을 가진 것, 예컨대 벼, 보리, 조, 기장, 콩 따위의 오곡, 특히 밥이 거의 끓어 갈 무렵 솥 가운데 모이는 걸쭉한 밥물이 최고라고 한다.

『동의보감』에는 페미니스트들이 들으면 열받을 만한 '성차별적 발언'이 종종 나온다. '전녀위남轉女爲男', 곧 여아를 남아로 바꾸는 법, 부인들은 성욕이 세고 질투심이 많아 병이 나면 남자보다 10배나 고치기 어렵다는 진단 등이 대표적이다. 하지만 '정精의 절제'에 대한 말들이 하도 많아서 실제로는 남성들이 오히려 불쌍하게 여겨질 정도다. 주지하듯, 『동의보감』은 섹스를 결코 도덕이나 선악의 관점에서 다루지 않는다. 오직 양생적 차원에서 다룰 뿐이다. 그런데도, 아니 그렇기 때문에 어떤 도덕교과서보다 더 강도 높게 성적 절제를 설파한다. 특히 남성들은 양기를 받고 태어났기 때문에 그 대가로 그것을 잘 갈무리하지 않으면 수명이 줄어들고 병에 시달리는 걸 감수해야 한다. 이게 과연 축복일까? 그런가 하면, 여성들은 신체적으로 정을 소모하는 구조가 아니기 때문에 상대적으로 자유로운 편이다. 그 자유를 어떻게 활용할지는 또 별개의 문제겠지만.

임상의학은 정확히 그 반대다. 정액을 자꾸 써야 정력이 좋아진다고 주장한다. 정액을 단지 단백질의 집합 정도로 여기기 때문이다. 이렇게 정리하면 마치 허준은 금욕을, 임상의학은 성의 자유를 주장하는 것처럼 여겨진다. 물론 전적으로 오해다. 거듭 강조하거니와, 양생술의 요체는 금욕이나 성적 억압이 아니다. 즉, 거기에는 선악이나 죄의식 같은 관념이 들어설 자리가 없다. 어찌 보면 철저히 '생명의 원기'라는 척도만이 있을 뿐이다. 그에 반해 임상의학은 이율배반적이다. 한편으로 성욕을 부추기면서 다른 한편으로 성에 대한 죄의식을 끊임없이 증폭시킨다. 병원, 경찰, 학교, 교회 등 공적인 장에서는 철저히 금기시하고, 실제로는 전방위적으로 성에 관한 담론을 유포시키고 있는 것이 현실이다. 결과적으로, 섹스(혹은 그것을 낭만적으로 덧칠한 연애)만이 근대인의 유일한 가치가 되어 버렸다.

그래서 푸코는 아주 멀리 기원전 1세기 그리스 시대로 거슬러 올라간다. 『성의 역사』 2권 '쾌락의 활용'은 바로 그리스 시대의 양생술을 다루고 있다. 그에 따르면, 성적 행동에 관한 그리스인들의 도덕적 성찰은 금지들을 정당화시키려 한 것이 아니라 어떠한 자유를 양식화하려 했다. 그들은 성적 쾌락이 그 자체로 악이거나 아니면 그것이 과오의 자연적 상흔들에 속할 수 있다고는 생각지 않았다. 그러나 의사들은 성적 활동과 건강의 관계를 염려했고 그러한 행동의 위험에 관한 성찰을 발전시켰다. 요컨대, 이 같은 성찰의 주된 관심사는 자신의 육체를 돌보는 어떤 방식에 따라 '쾌락의 활용' ── 그것에 알맞은 조건, 그것의 유용한 실천, 그것의 필연적인 감소 ── 을 정의하는 것이었다.

그것은 '치료법'이라기보다는 '양생술'에 가까웠다. 즉 건강을 위해 중요하다고 알려진 활동의 조절을 목표로 하는 관리법의 문제였다. 그가 보기에 삶의 기술로서의 관리법의 실천은 질병을 피하거나 그것의 치료를 끝내도록 하는 예방들의 총체와는 아주 다른 것이다. 그것은 스스로를 자신의 육체에 대해 적당하고 필요하며 충분한 배려를 하는 주체로 세우는 방식이다. 일상생활을 총괄하는 배려, 존재의 대다수의 활동, 혹은 일상적인 활동들을 건강과 도덕의 관건으로 삼는 배려, 육체와 그것을 둘러싸고 있는 요소들 사이에 상황적 전략을 규정하는 배려. 그리고 결국 개인 자신을 합리적 행동으로 무장시키는 것을 목표로 하는 배려 같은 것이다.

쾌락 아니면 금욕, 권태 아니면 변태. 자본주의가 부과하는 성담론의 이율배반적 기제는 이 두 가지 사이를 쉬지 않고 '왕복달리기' 하도록 유도한다. 이 끔찍하고 지겨운 고리에서 벗어나기 위해 우리 역시 새로운 양생의 기술 혹은 방중술을 터득해야 하지 않을까. 허준과 푸코를 길잡이 삼아.

죽음, 삶의 또 다른 얼굴

푸코는 말한다. "19세기의 기본적 현상 중의 하나는 소위 생명에 대한 권력의 관심인 것 같다. 권력이 생명체로서의 인간을 장악하는 것, 생물학의 국유화라고나 할까. 아니면 적어도 생물학의 국유화라고 부를 수 있는 어떤 것으로의 경도현상이다." 푸코, 『사회를 보호해야 한다』, 277쪽 그런데, "새롭게 정착한 기술은 다수의 인간을 상대하기는 하되, 그것이 개체로 요약된다는 점에서가 아니라 이 다수가 모든 생명 고유의 과정인 출생과 사망·출산·질병 등 인류 전체의 과정에 영향받는 글로벌한 전체를 형성한다는 점에서이다. 그러므로 개인화의 모델에 따라 권력이 인체를 장악한 후 두번째로 시도된 권력의 인체 장악은 개인화가 아니라 전체화였으며, 다시 말하면 육체로서의 인간이 아니라 종種으로서의 인간을 향해 행해지는 권력행사였다." 푸코는 그것을 인종에 대한 '생체정치'라고 부른다.

이렇게 되면서 이제 질병은 인구론적 차원에서 사고된다. 전염병학이 임상의학의 핵심으로 부상된 것도 그 때문이다. 느닷없이 닥쳐 집단적으로 병을 일으키는 전염병이야말로 인구 감소에 치명적인 까닭이다.

허준 역시 전염병을 심도 있게 다루었다. 이수광李晬光이 저술한 『지봉유설』芝峯類說의 한 대목이다. "옛 풍속에 어린아이의 마마는 약쓰는 것을 금하고 앉아서 죽기를 기다렸다. 그러던 것을 선왕조 때 어의御醫 허준이 비로소 이 약을 써서 살아난 사람이 자못 많았다. 이로부터 민간사람들이 어려서 죽는 것을 면한 자가 많았다." 허준의 또 다른 저서 『언해 두창집요』諺解痘瘡集要 역시 두창에 대한 처방집이다. 두창이 올 경우, 고스란히 당하고 있지만 말고 적극적으로 약을 써야 한다고 본 것이다. 특히 전염병과 관련해서는 『벽역신방』辟疫神方이 주목할 만하다. 1613년 북쪽지방을 강타한 성홍열을 다룬 책인데, 허준의 다른 문헌이 '술이부작'述而不作의 전통에 충실했다면, 이 책은 자신의 관찰과 해석을 전면에 드러내고 있다. "유례가 없던, 새로운 질병에 대한 것이기 때문이다. 조선의 의학자가 특정 질병을 연구하여 이름을 붙이고, 병의 증상과 원인을 탐구하여 책자로 정리한 것은 이 책이 처음이다. 전염병의 원인을 설명하면서 '귀신소행설'을 완전히 떨쳐 버린 것도 조선의 전염병 서적 중 이 책이 처음이다."신동원, 『조선사람 허준』, 153쪽

하지만 허준의 목표는 두창, 수두, 홍역, 성홍열 등을 분류하고 체계화하여 하나의 '전염병학'을 세우는 데 있지 않았다. 서구의 전염병학처럼 발병원인을 세균으로 환원하는 방식도 취하지 않았다. 『동의보감』「잡병편」'온역'瘟疫 문門에도 나오지만, 물이나 대지의 썩은 기운이 몰리거나 고통과 원한이 쌓이거나 이상기후가 생기거나, 한마디로 한 지역에 나쁜 기운이 갑자기 닥칠 때 집단적으로 병에 시달린다고 본 것이다. 따라서 치료법 역시 매우 다채롭다. 약재를 쓰는 건 물론 방위법에 따라 벽사辟邪를 하거나 동서남북, 사방의 귀신들의 힘을 빌려 내치는 등 대기를 정화하는 데 갖은 정성을 다한다.

주기적으로 찾아오는 전염병에 시달렸으면서도 전염병학이 특

화되지 않은 것을 단지 한의학의 비합리성 탓으로만 돌릴 수 있을까. 그보다 더 근본적인 건 죽음에 대한 인식이 우리 시대와는 달랐기 때문이 아닐까. 근대 이전 죽음은 삶의 또 다른 모습이자 시작이었다. 혼례보다 더 떠들썩한 장례행렬, 군주의 절대권력을 과시하기 위한 참혹한 처형 방식 등은 죽음을 삶의 또 다른 일부로 다루는 데에서 기인한다. 다시 말해, 죽음은 삶과 분리될 수 없는, 삶의 또 다른 연장이었다. 『동의보감』의 편제가 노인에서 시작하여 마지막 소아로 끝나는 것도 '종이부시'終而復始 ; 어떤 일을 끝내자마자 바로 이어 다시 시작함의 표현에 다름 아니다.

그러나 임상의학의 도래와 더불어 죽음에 대한 점진적인 홀대 현상이 일어났다. 죽음은 권력의 바깥쪽으로 나오게 되었다. 죽음은 권력의 영향권 밖에 나오고, 권력은 죽음을 전체적·일반적·통계적 수준에서만 장악하게 되었다. 권력이 장악하고 있는 것은 죽음이 아니라 사망률이다. 요컨대 과거에 죽음이 군주의 절대권을 떠들썩하게 과시하는 계기였다면, 이제 죽음은 한 개인이 모든 권력에서 벗어나 자기 자신으로 떨어져 가장 사적인 존재로 웅크리고 있는 순간이 되었다. "권력은 더 이상 죽음을 모른다. 엄밀하게 말하면 권력은 죽음을 내팽개쳤다."푸코, 『"사회를 보호해야 한다"』, 286쪽 삶과 죽음의 날카로운 단절이 일어난 것이다.

산부인과의 비대한 발전도 같은 맥락 위에 있다. 우리 시대 여성들의 신체는 산부인과에 예속되어 있다고 해도 과언이 아니다. 그 정도로 산부인과가 여성들의 신체에 행사하는 영향력은 막강하다. 산부인과 병원의 진료대는 내가 아는 한, 여성 억압의 가장 극단적 사례에 해당한다. 오로지 의사의 시선만이 고려될 뿐, 환자의 위치나 심리에 대해서는 어떤 배려도 없다. 지배와 억압이 그토록 적나라하게 관철되는 장소도 참, 드물 것이다. 성차별적 차원에서 보면,『동의보감』의 어떤 언술보다도 심하다. 그럼에도 여성들은 이런 구조 자체를 아무런 의심 없이 그대로 용납한다. 왜? 그렇게 해야 과학적이고 객관적인 관찰이 가능하다고 믿기 때문이다. 지금의 그 방식이 자명한 것이라고 믿는 것이다.

하지만 그건 절대 그렇지 않다. 예컨대 조선에서는 맥진脈診이 발달한 반면, 일본에서는 복진腹診, 곧 배를 짚어서 병을 진단하는 방식이 발달했다고 한다. 다름 아닌, 성풍속의 차이 때문이다. 성풍속이 좀더 자유분방했던 일본의 경우, 여성들에 대한 복진이 허용되었지만, 성풍속이 상대적으로 엄격했던 조선의 경우는 맥진이 발달될 수밖에 없었던 것이다. 요컨대, 사회적 조건과 집합적 감성에 따라 진단과 치료법은 얼마든지 달라질 수 있는 법이다. 산부인과가 좀더 여성의 위치를 고려한다면 얼마든지 다른 방식을 발전시킬 수 있다. 문제는 여성들조차 그런 발상 자체를 하지 않는다는 점이다. 그 정도로 여성들의 신체는 산부인과에 밀착되어 있다. 특히 임신을 하는 순간부터 여성들의 몸은 전적으로 산부인과에 저당잡힌다. 마치 의사의 정기적인 체크가 없이는 아이를 낳을 수도 없을 것처럼 말이다.

하지만 출산은 질병이 아니다. 허준은 임신과 출산을 질병으로 다루지 않았다. 그것은 「잡병편」이 아니라 「내경편」 곳곳에서 다양한 방식으로 언급되고 있다. 자연스러운 생명 활동의 일부라고 본 것이다. 사실 정상적인 출산의 경우, 산모의 몸은 하루 만에 완쾌된다. 출산의 고통을 통해 몸이 정화되면서, 동시에 몸 안에 있는 노폐물이 완전히 배출되기 때문이다. 또 신생아는 이틀 정도 굶겨야 한다. 뱃속에서 충분히 먹고 나오기 때문에 영양에 문제가 없고, 더 중요하게는 굶겨야 태변이 모조리 빠져 나온다.

그런데 임상의학은 출산을 시종일관 병원 내부로 끌어들여 관리하고 개입한다. 아이가 태어나자마자 젖병부터 물리고, 자연분만의 경우에도 미용상의 이유로 무조건 회음절개를 한다. 산모가 며칠 동안 시달리는 건 애를 낳아서가 아니라, 회음절개 및 항생제 투여 때문이라고 한다. 제왕절개와 회음절개, 우리나라는 이 방면에서도 세계 최고 수준을 자랑한다. 여성의 몸이 그만큼 소외되고 있다는 뜻이리라.

이렇듯 임상의학은 생명탄생을 둘러싼 전 과정에 깊이 개입하고 있다. 죽음 역시 마찬가지다. 예전엔 죽을 때면 집으로 돌아왔지만, 요즘은 죽기 직전 병원으로 옮긴다. 죽음을 확인받는 곳이 병원인 것이다. 그런 점에서 요즘 사람들은 모두 '객사客死'를 하는 셈이다.

따지고 보면 병원이 장례식장이라는 건 매우 아이러니하다. 온갖 시체들이 그곳을 거쳐 나간다면 거기는 사기邪氣, 혹은 병원균의 온상지 아닌가. 그곳에서 어떻게 질병의 치유가 가능하단 말인가?(그래서 상갓집에 갈 때는 술을 약간 먹고 가는 게 좋다고 한다. 사기의 침범을 막을 수 있기 때문이다) 결국 태어남도, 죽음도 모두 병의 일종이 된 셈이다. 그렇게 되면서 결정적으로 우리는 죽음을 사유하는 능력을 잃어버렸다. 태어남은 주도면밀하게 관리되고, 죽음에 대해서는 침묵을 강요받는 것. 그것이 우리가 서 있는 의학적 배치다. 사스처럼 정체불명의 전염병에 대해 히스테리에 가까운 과민반응을 하는 것도 죽음을 자연스런 과정으로 받아들이지 않는 인식론과 무관하지 않을 터이다.

*　　*　　*

『동의보감』에서는 환자를 진찰하는 방법으로 사진四診을 든다. 첫째, 환자를 겉으로만 보고 병을 알아내는 망진望診, 이에 능한 의사를 신의神醫라 하고, 둘째, 환자의 목소리를 들어 보거나 냄새를 맡아 보아서 병을 알아내는 문진聞診, 이에 능한 의사를 성의聖醫라 한다. 셋째, 환자에게 직접 물어보아서 병을 알아내는 문진問診, 이에 능한 의사를 공의工醫라 하고, 넷째, 맥을 잡아 보아 병을 알아내는 절진切診, 이에 능한 의사를 교의巧醫라 한다.

우리에겐 가장 낮은 네번째 단계도 신비롭기 짝이 없다. 고도의 직관력이 없이는 불가능한 경지이기 때문이다. 그런 점에서 『동의보감』의 담론은 이데올로기가 아니라 직관이다. 직관이 없이는 텍스트를 달달 외운다 한들 무용지물에 불과하다. 의사 자신으로 하여금 주술사이자 구도자가 되도록 요구하는 것이 바로 『동의보감』이다.

그에 반해 우리 시대 의사의 수준은 기계가 결정한다. 청진기나 복진도 다 옛말이다. 너무나 정교하고 세련된 기계들이 수두룩하기 때문이다. 의사들은 오직 기계가 분석해 주는 것만을 놓고 병을 진단한다. 의학이 발달하면 할수록 의사와 환자는 사라지고 기계만 남는다. 기계에서 나타나지 않는, 다시 말해 분류표에 존재하지 않는 증상이 나타나면 정신과로 보낸다. 직관과 기계, 이 사이는 얼마나 먼 것인지.

임상의학의 한계에 봉착한 서구는 이제 대체의학의 경계를 향해 나아가고 있다. 대체의학이란 의사와 환자 모두 직관의 지혜를 되살리는 것을 뜻한다. 질병을 적대시하지 않을 뿐 아니라, 치유를 통해 삶을 새롭게 구성하는 것. 삶과 죽음을 분리하지 않는 것. 그것은 아마도 인디언의 지혜와 동양의학 및 히포크라테스 의학이 현대적으로 변용되는 과정을 밟게 될 것이다.

어떤가? 새로운 의학체계가 도래하기를 기다리기보다『동의보감』을 통해 우리 나름의 비전 탐구를 해보는 것은. 이 스케치를 바탕으로 허준과 푸코를 조우하게 하는 실험이 계속될 수 있기를 희망해 본다!

5. 맺으며 ― 죽음에 대한 유쾌한 상상

『소돔 120일』로 악명 높은 사드는 아주 뛰어난 단편작가이기도 했다. 그 가운데「플로르빌과 쿠르발, 혹은 숙명」이라는 작품이 있다.

주인공 베르캉 부인은 평생 관습의 속박에서 벗어나 쾌락을 추구하며 살다가 불치병에 걸리게 되었다. 죽음이 다가오리라는 것을 예감하자 그녀는 모든 재산을 친구와 하인들에게 분배한 뒤 마지막 파티를 연다. 그리고 이렇게 말한다.

"나는 나의 자스민 화단 밑에 나를 묻어 달라고 부탁하였고, 나는 그곳에 묻힐 것이며 분해된 이 육체에서 발산되는 원자들이 영양을 제공하여 내가 가장 좋아했던 그 꽃들의 봉오리를 탐스럽게 맺도록 해줄 거예요. 다음 해 그대가 이 꽃향기를 맡을 때, 그대는 그 향기 속에서 옛친구의 영혼을 호흡하게 될 거예요. 그 꽃들은 그대 뇌수의 갈피에 스며들어 그대에게 재미있는 상념을 제공하며 다시 내 생각이 나도록 해줄 거예요."

그리고 그녀의 묘비에는 다음의 한마디만이 새겨졌다. "살았노라." '나의 육체적 삶은 다가오는 죽음이 만든 경이로운 선물이다'(요로 다케시) ── 그녀는 일찌감치 이런 경지를 터득했던 것이다. 이 여인의 당당한 죽음에 매료당한 나머지 나는 사드를 작가로서 진심으로 존경하게 되었다.

물론 이 여인 말고도 더 멋진 죽음들은 얼마든지 있다. 연암 박지원의 담담하고 평온한 죽음을 비롯하여 생사의 경계를 유쾌하게 넘나든 선사禪師들의 죽음, 자신의 죽음의 순간을 정확히 예견하는 티베트의 고승들, 그리고 인류의 위대한 스승 붓다의 장엄한 입적에 이르기까지. 병리학적 이분법이 죽음을 내팽개침으로써 삶조차 죽음충동에 휩싸이게 했다면, 이들은 죽음의 문을 자유롭게 넘나듦으로써 삶에 충만한 파토스를 부여한다.

"온갖 삶의 모습은 다만 연기緣起 관계에서 생성과 소멸일 뿐입니다. 연기관계에서 조건의 결합에 따라 생성과 소멸의 모습만 있는 것이 지금 여기의 우리이며 이것은 너무나 당연합니다. 따라서 삶과 죽음에 대해서 좋아하거나 싫어하는 등으로 집착할 까닭이 전혀 없습니다."(정화 스님)

해면동물은 불멸이라고 한다. 자신의 몸을 자유자재로 변이하기 때문이다. 바위를 만나면 바위처럼, 해초를 만나면 해초처럼 몸을 바꾼다. 체로 거르면 그냥 여러 세포들로 나뉘어진다고 한다. 다른 한편 암세포 역시 죽음을 모른다. 죽음을 모르는 세포들의 무한증식, 그것은 곧 숙주의 생명을 멈추게 한다. 죽음을 알지 못하는 존재의 죽음은 어떤 것일까? 해면동물의 불멸과 암세포의 불멸, 아상我相을 버림으로써 무한한 생명의 흐름 속으로 들어가 삶과 죽음 자체의 경계를 무화시킨 존재와 생에 대한 지독한 집착으로 삶 자체가 죽음이 된 존재. 이 둘 사이의 간극은 얼마나 먼 것인지.

이 간극은 우리들 앞에도 현전한다. 근대문명이 죽음을 내팽개치고 삶을 쩨쩨하게 관리하는 것으로 자신의 얼굴을 드러냈다면, 이제 도래할 문명은 죽음을 생의 역동적 흐름 속으로 다시 불러들임으로써 그 문을 열 것이다. 과연, 우리는 그 문을 열고 들어갈 수 있을 것인가?

괴물―위생권력과 스펙터클의 정치

괴물—위생권력과 스펙터클의 정치

<괴물>의 '괴력'

태어난 곳은? 산부인과 병동 신생아 분만실. 죽자마자 곧바로 찾아 들어가는 곳은? 종합병원 영안실. 이게 우리 시대 '거의 모든' 사람들의 인생행로(?)다. 하긴 태어나기 이전, 정자와 난자가 극적으로 조우하는 그 순간부터 산부인과 의사의 적극적인 개입이 시작된다. 생의 마지막 문턱에서 최종적으로 죽음을 선고하는 것 또한 의사다. 탄생과 죽음이 이럴진대 그 중간 과정이야 말해 무엇할까. 사람들은 몸과 질병에 관한 모든 정보와 판단을 전적으로 병원에 맡겨 버린다. 그러므로 근대인들에게 있어, "내 몸은 절대 '나의 것'이 아니다!" 그런 점에서 병원(임상의학)이야말로 근대 자본주의 '생체권력'의 핵심기제다. 그것이 발휘하는 파워와 영향력에 비하면 대통령이나 국회의원 같은 정치가들의 권력은 참으로 하찮게 느껴질 정도다.

영화 <괴물>(2006)에 주목하는 이유가 여기에 있다. 한국형 공포물의 새로운 장을 열었으며, <왕의 남자>가 관객 천만을 돌파한 그 해 여름 <왕의 남자>의 기록을 간단히 추월해 버린 한국영화 최고의 흥행작(관객 동원수 1,301만. 2013년 나온 <도둑들>이 최고의 흥행작이 되면서 2위로 밀려나기 했지만). 한마디로 대중성과 작품성을 두루 인정받은 초대형 블록버스터다. 한데, 이런 명성에 비하면 작품에 대한 담론은 의외로 소략하다. 개봉 초기에 '반미', '가족' 등을 중심으로 약간의 의견대립이 있었고, 일부 페미니스트가 제기한 남성중심적이라는 비판, 결말의 의미를 둘러싼 논란 등이 오갔던 걸로 기억한다.

내가 보기에 이 영화는 두 가지 점에서 아주 특별하다. 첫째, 초대형 블록버스터에 멜로가 없다는 점. 둘째, 임상의학, 더 구체적으로는 위생권력의 정치적 실체를 적나라하게 폭로했다는 점. 먼저, 멜로에 대한 유혹을 떨쳐 버릴 수 있었던 감독의 뚝심은 높이 평가할 만하다(근데 놀랍게도 천만 관객 영화는 대부분 '멜로'가 없다고 한다). 그리고 그게 가능했던 건 후자만으로도 충분히 영화적 서사를 채울 수 있었기 때문일 터, 영화 <괴물>의 진정한 '괴력'은 바로 거기에 있다.

가시성의 배치 – 먼지와 똥

2000년 2월 9일 주한 미 8군 용산기지 내 영안실.

"김씨, 난 먼지가 세상에서 제일 싫어요." 첫 시퀀스에서 미 군의관이 '포름알데히드' 병에 낀 먼지를 닦아내며 하는 대사다. 이 장면은 영화의 테마를 간결하게 압축하고 있다. 먼지가 싫다고? 맞다. 세상에 먼지 좋아하는 사람이 어디 있겠는가(혹 있어도 할 수 없는 노릇이고)! 하지만 이 평범하기 이를 데 없는 멘트도 '누가, 어떤 위치에서' 하는가에 따라 아주 심오한(!) 의미망을 형성한다. 그의 대사를 좀더 들어 보자.

"청소는 나중에 하고, 이걸 좀 먼저 버렸으면 좋겠는데."(미 군의관)

"그건 포르말린인데요."(김씨)

"정확하게는 포름알데히드죠. 더 정확히 말하면 먼지 낀 포름알데히드. 병들이 전부 다 먼지투성이잖아. 싱크대에 다 부어 버려요. 한 방울도 남기지 말고 전부 다 부어 버리세요."(미군의관)

이 '작자'는 '정확히' 말하는 걸 참 좋아한다. 그의 취향을 흉내내어 정확히 말해 보자면, '포름알데히드'는 독극물이다. 그것도 치명적인 독극물. 그래서 김씨는 그의 말뜻을 얼른 납득하지 못한다. 그래서 하수구에 부어 버리면 한강으로 흘러갈 거라고 대꾸하자 이 '작자'의 답변인즉 이렇다. "한강…… 무척 큽니다. 마음을 크고 넓게 가집시다."

좋은 말이다. 하지만 이 말은 번역이 필요하다. 역시 그의 취향대로 정확히 말해 보면, '한강은 크고 넓어서 독극물 처리장으로 딱이다, 그러니 마음 놓고 왕창 부어 버려라'는 뜻이다. 고로 이건 지시어가 아니라 명령어다(하긴 세상에 순수한 지시어가 어디 있을까마는).

"어쨌든 명령이니까 빨리 부어 버리세요." 이어서 수백, 수천 병의 '먼지 낀 포름알데히드'가 한강으로 흘러간다.

이미 눈치챘겠지만, 이 '작자'의 말은 미제국주의의 이중성을 폭로하는 풍자적 언표다. 자국민들에게는 철저한 위생을 강조하면서 남의 나라는 쓰레기하치장 정도로 취급하는 미국의 이중잣대에 대한 통렬한 풍자. 하지만, 이 정도의 해석에서 그치면 좀 곤란하다. 사실 미국만 그런 게 아니지 않는가. 따지고 보면, 근대문명의 위생시스템 자체가 온통 이중적이다. 겉으로는 온갖 깔끔을 다 떨면서 뒤로는 세상을 마구 오염시키고, 입만 열면 과학과 합리성을 내세우지만 실제로는 온갖 말도 안 되는 불합리한 짓을 서슴지 않는다. 선진문명의 표지처럼 간주되는 청결관념 역시 그저 내 눈에 보이는 세상만 깨끗하면 된다는 식인 경우가 대부분이다. 눈앞에 보이는 먼지는 참을 수 없어도 한강이 오염되는 건 아무 상관이 없고, 내 가까이 있는 독극물은 저 멀리, 나랑 무관한 사람들한테로 보내 버려야 한다, 뭐 이런 식이다. 그리고 이게 바로 '가시성의 배치'다.

이런 표상은 저 19세기 말 20세기 초 서구문명과 더불어 이 땅에 도래하였다. 급진개화파로 유명한 김옥균이 「치도약론」治道略論이라는 글에서 제시한 조선의 당면과제는 뜻밖에도 위생이다. 더 구체적으로 그의 타깃은 길에 가득한 '사람과 짐승의 똥오줌'이었다. 그래서 그는 일단 이것들을 모조리 가시권 밖으로 밀어내면 조선의 개혁이 가능하리라 여겼다. 어디 김옥균뿐인가. 서재필, 윤치호, 신채호 등 당시 내로라하는 계몽지식인들은 정파와 노선에 상관없이 모두 이런 관점을 공유하였다. 그리하여 20세기 초 계몽담론에는 똥에 대한 대대적인 공격이 흘러넘친다. 똥이야말로 악취와 불결함, 가난과 질병, 나아가 미개함을 대변하는 기호로 간주된 것이다. 참 나, 똥이 대체 뭔 죄가 있다고.

근대 이전 똥오줌은 일상과 자연스럽게 섞여 있었다. 농업을 기반으로 하는 사회에서 똥거름은 더러운 쓰레기가 아니라 필수자원에 속한다. 주거공간의 구조도 뒷간이 논밭으로 이어져 있었고, 또 공중변소가 없었던 탓에 길 가다 똥오줌이 마려우면 적당한 곳에서 볼일을 보는 일도 다반사였다. 이런 식의 동선과 습속이 느닷없이 타도의 대상으로 떠오르게 된 것이다. '보기에 좋지 않다'는 것이 첫째 명분이었다. 이때 '본다'는 행위의 주체는 가장 일차적으로는 서양인이고, 그 다음으로는 그 시선을 내면화한 계몽주의자들이다. 일단 보기에 좋아야 문명국에 가까이 다가갈 수 있다고 철석같이(!) 믿은 것이다.

주지하듯, 근대는 시각적인 것을 특권화하면서 도래한다. 근대적 사유는 보이는 것, 볼 수 있는 것만을 인정한다. 가시성의 영역 안에 들어오지 않는 것은 믿지 않는다. 그런데 이때 시각이라는 척도는 균질화된 평면을 전제한다. 불투명한 것, 중복된 것, 뒤섞인 것, 경계가 모호한 것들은 가차없이 변경으로 축출된다. 근대화가 진행될수록 꼬불꼬불한 골목길, 수레와 말과 자동차가 뒤섞인 거리, 노점상과 좌판 등이 하나씩 사라져 간다. 이 모든 것이 다 '시각의 특권화'라는 척도에서 기인한다. 그러므로 독극물을 한강에 방류하면서 "나는 먼지가 세상에서 제일 싫어요"라고 말하는 이 역겨운 장면은 이런 식의 배치가 지니는 이중성을 적나라하게 폭로하고 있다.

하지만 바로 거기, 즉 독극물이 무차별적으로 흘러간 한강에서 괴물이 생겨나고 자란다. 근대 위생권력에 의해 추방된 온갖 더러운 것, 불균질한 것, 치명적인 것들이 총결집된 형상, 그것이 바로 괴물이다.

괴물, 위생권력의 적자

화창한 봄날, 시민들이 한창 소풍을 즐기고 있는 한강둔치에 일찍이 본 적이 없는 기상천외의 괴물이 출현한다. 공룡 같은 몸집에 무서운 속도, 무지막지한 괴력을 행사하는 난폭한 '괴생물체'가 그것이다.

개봉 직후 많이 이야기된 바이지만, 가장 먼저 주목할 사항은 괴물이 출현한 장소가 한강이라는 점이다. 존재와 장소는 서로 분리될 수 없다. 즉, "너는 누구인가?"라는 질문과 "너는 어디에 사는가?"라는 질문은 서로 포개진다. 흔히 공포영화의 괴물들은 일상과 분리된, 아주 특별한 장소에 거주한다. 지하거나 동굴이거나 아니면 숲속이거나. 영화 <괴물>은 이런 공식구를 버리고 가장 낯익은 장소, 한강을 괴물의 서식지로 설정했다. 그것은 이 괴물이 서울 시민들의 일상과 밀착해 있음을 보여 주는 중요한 장치다. 실제로 이 괴물은 한강이 아니고선 탄생될 수 없는 존재다.

다음, 괴물의 생김새. 이 괴물은 '괴물스럽긴' 한데 왠지 낯익다. 일단 입이 몹시 크다. 클 뿐 아니라, 연꽃잎처럼 포개져 있다. 그래서 몸의 대부분이 입인 것처럼 느껴지기도 한다. 이런 모양새는 이 괴생물체가 무지막지한 포식자임을 말해 준다. 먹고 먹고 또 먹고. 거기다 꼬리가 아주 발달되어 있다. 꼬리가 하는 일은 주로 먹잇감을 챙기고 관리하는 것이다. 중학생 꼬마 현서를 잡아간 것도, 현서의 탈출을 저지한 것도 다 이 꼬리의 소행(?)이다. 요컨대 이 괴물은 닥치는 대로 먹어치울 뿐 아니라, 먹잇감을 챙겨가선 하수구 깊숙한 곳에 저장까지 해둔다. '먹잇감을 저장해 두는' 괴물이라니. 이거야말로 근대인의 탐욕을 고스란히 담지한 존재가 아닌가. 닥치는 대로 먹고, 있는 힘껏 챙기고, 깊숙한 곳에 꼬불치고.

뿐만 아니라, 이 괴물은 한강을 놀이터 삼아 종종 놀기도 한다. 처음 등장한 것도 한강대교에 매달려 곡예놀이를 하면서였다. 물론 그는 혼자서 노는 '솔로'다. 혼자 놀기의 명수 혹은 몬스터 루덴스? 이 또한 의미심장한 환유다. 도시인들, 특히 소유욕에 충만한 사람들은 대개 혼자 논다. 왕따를 당해서이기도 하지만, 스스로도 타인과 소통하기를 원치 않는다. 왜? 같이 놀면 손해니까. 아니, 그 이전에 소통의 기술 자체를 완전 '까먹은' 탓이다. 요컨대 이 괴물은 인간과 짐승 사이, 혹은 인간과 기계 사이의 존재거나 아니면 외계에서 침입한 괴생물체가 아니라, 도시인의 일상과 욕망, 그 연속적 평면 위에서 느닷없이 돌출한 존재다.

이미 언급했듯이, 위생권력은 몸에 해로운 것, 더러운 것, 불균질한 것들을 가시권 밖으로 축출한다. 하지만, 그것들은 늘 더 무시무시한 힘으로 되돌아온다. 그러면 또 다시 보이지 않는 곳으로 밀어내고, 그 다음엔 더 큰 힘으로 또 돌아오고.

근대 이전, 사람들을 공포에 떨게 했던 건 콜레라와 천연두, 그리고 각종 정체불명의 괴질이었다. 주기적으로 닥쳐 왔던 이 전염병들은 크나큰 재앙이기도 했지만, 다른 한편 생산력과 인구 사이, 인간과 자연 사이의 공존과 균형을 가능케 한 조절기제이기도 했다. 모든 질병이 그렇지만, 이 전염병들의 원인도 복합적이다. 절기의 변화나 풍토, 물과 대기, 그리고 개별 신체들의 체질적 특성 등등. 하지만 19세기 후반 코흐와 파스퇴르 등에 의해 세균들이 발견되면서 질병의 원인은 오직 세균으로 집중되었다. 임상의학의 토대를 이루는 '병인체론'이 부상하게 된 것이다. 그때부터 모든 치료는 세균박멸로 압축되었다. 바야흐로 인간과 세균 사이에 한치의 양보도 없는 전선이 형성된 것이다. 근대 이전, 동서양 모두 의학의 목표는 신체의 능력을 우주적 차원으로 증식해 가는 '양생'養生이었다. 도교의 신선술이 대표적인 예가 된다. 하지만, 이제 의학의 목표는 세균의 공격으로부터 몸을 방어하는 '위생'衛生으로 변환되었다. 양생에서 위생으로! 판이 이렇게 바뀜으로써 세균의 완전정복을 통한 '위생 유토피아'가 의학의 출발이자 종착지가 되었다.

하지만 그건 결국 환상, 아니 망상에 불과했다. 콜레라, 천연두가 사라진 자리에 폐결핵이 되돌아왔고, 폐결핵의 기세가 꺾일 즈음 간염과 암, 그리고 아토피, 에이즈 등이 자라났다. 서부영화의 주인공

'쾌걸 조로'처럼, 바이러스는 결코 죽지 않는다. 다만 돌아올 뿐이다!

암은 전염병인가, 아닌가? 분명 괴질은 아니다. 하지만 그것은 한철 휩쓸고 지나가는 질병이 아니라, 사람들의 일상을 야금야금 잠식하는 질병이다(암은 이미 너무나 평범하고도 도처에 만연한 질병이 되었다). 고전적인 전염병보다 더 전염력이 높다. 더구나 암세포는 세균이 아니다. 정상세포가 느닷없이 돌연변이를 일으키면서 스스로 불멸을 선포한 다음, 다른 세포들을 마구잡이로 먹어치우는, 일종의 포식자다. 아토피나 자폐증, 알레르기성 질환들 역시 세균의 침투에 의한 것이 아니라, 신체 내부의 세포들이 돌연 자기 몸을 공격하는 질병들이다. 무엇보다 이것들은 근대 도시인들의 삶의 패턴과 긴밀하게 연동되어 있다. 곧, 암의 원인은 과로와 스트레스, 곧 소유를 향한 맹렬한 집착에 있고, 아토피는 '지나친 위생', 곧 미생물과 인간의 분리를 과격하게 한 결과물이란다.(이런 제길!) 실제로 샤워를 자주 하면 피부병은 더 악화된다. 피부의 저항력과 몸 전체의 면역력은 더 떨어지기 때문이다. 고로, 지나친 샤워는 건강에 해롭다! 따지고 보면, 샤워문화만큼 탐욕적인 것도 드물다. 물에 대한 과잉소비는 말할 것도 없고, 집집마다 또는 방마다 샤워실을 비치하다 보니 공간 낭비도 엄청나다. 그런 점에서 지나친 샤워가 궁극적으로 몸의 면역력을 떨어뜨린다는 건 필연적인 결과다. 자업자득!

결국 더럽고 불결한 것, 해로운 것들을 '눈 밖으로' 축출하는 데 전력을 기울여 왔건만, 그것들은 언제나 되돌아오곤 했다. 한층 의기양양한 모습으로. '포름알데히드'를 먹고 자란 한강의 괴물 또한 마찬가지다. 그것은 느닷없이 나타나 다수의 사람을 덮친다는 점에서 괴질을 닮았고, 엄청난 포식자라는 점에선 암세포를 닮았다. 아주 익숙한 장소에서 사람들의 일상을 잠식한다는 점에선 역시 암과 아토피를 닮았다. 결국 그것은 근대인들이 퇴치하고자 했던 여러 불치병들의 속성을 두루 갖추고 있는, 이를테면 위생권력의 적자인 셈이다.

바이러스와 테러리스트

한강대교에 대롱대롱 매달려 있던 괴생물체가 공중곡예를 하면서 물에 잠기더니 갑자기 바깥으로 뛰쳐나온다. 그 순간, 평화로웠던 한강둔치가 졸지에 아비규환의 지옥이 되어 버린다. 그런데 이 무시무시한 괴물에 맞서 싸운 두 명의 남자가 있었으니, 한강변 매점집 장남 박강두(송강호 분)와 미하사관 도널드가 바로 그들이다. 강두는 표지판 철근으로, 도널드는 보도블럭을 깨서 괴물과 대적한다. 도널드가 위기에 빠지는 순간, 강두의 철근이 괴물의 발을 찍는다. 순간, 괴물의 피가 팍! 강두의 얼굴에 튄다. 하지만 그 정도로 괴물의 행진이 멈춰질 리 없다. 다시 한강둔치는 아수라장이 되고. 그렇게 한바탕 학살극을 펼친 괴물은 마지막 전리품으로 강두의 딸 현서를 꼬리에 감고는 한강 속으로 유유히 사라진다. 여기까지가 도입부다.

대체 저 괴생물체의 정체가 무엇일까? 대개의 괴물영화가 그렇듯, 당연히 관객의 시선은 거기로 쏠리게 마련이다. 하지만 영화 <괴

물>은 그런 식의 통상적 궤도를 벗어나 '삐딱선'을 탄다. 괴물이 아니라, 괴물이 퍼뜨렸을지 모르는 바이러스로 초점을 이동시켜 버렸다. 위생당국과 언론은 괴물을 바이러스의 숙주로 단정해 버린다. 대체 무슨 근거로? 바로 도널드 하사관의 몸 여기저기에 생긴 붉은색 두드러기 때문이다. 두드러기에 대한 '두드러기 반응'? 사실 이 지점이 임상의학의 아킬레스건이기도 하다. 반점이나 두드러기야말로 아토피, 에이즈, 사스 등 온갖 무서운 질병들의 예후인 까닭이다. 괴물은 아무리 무시무시하다 해도 일단 눈에 보이는 대상이다. 하지만 바이러스는 보이지 않는다. 괴물은 무기를 총동원하여 때려잡을 수 있지만, 바이러스는 무기가 통하지 않는다. 이때부터 바이러스의 정체로 모든 권력의 시선이 이동한다. 바이러스에겐 국경이 없다. 존재 자체가 '인터내셔널'하다! 미국과 국제사회가 적극 개입하는 것도 그 때문이다.

그리고 같은 맥락에서 근대권력은 바이러스와 테러리스트를 동일하게 간주한다. 초점이 바이러스로 옮겨 가자마자, 즉각 경찰이 철수되고, 특수부대가 투입된다. 동시에 쾌속정을 비롯한 어마어마한 권력의 스펙터클이 연출된다. 이 장면들은 다소 비현실적인 과장처럼 보이지만 절대 그렇지 않다. 솔직히 여기에는 한치의 은유도 없다! 위생권력 자체가 적대적 이분법에 입각해 있는 까닭에 그것은 늘 전쟁을 치르는 방식으로 수행된다. 멀리 갈 것도 없이, 2003년 사스가 중국을 휩쓸었을 때 꼭 이런 식이었다. 당시 베이징엔 계엄령에 준하는 경계령이 떨어졌고, 그와 동시에 대중들의 일거수일투족은 모조리 감시와 통제의 대상이 되었다. 테러리스트가 침투했을 때와 동일한 양상이 벌어진 것이다.

영화는 그 점을 '리얼하게'(!) 보여 주고 있다. 이제 바이러스에 대한 과도한 집착이 시작된다. 가장 결정적인 대사. 미고위급 군의관이 박강두의 머리를 두드리며 말한다. "이곳만이 우리의 유일한 희망입니다. 바이러스가 반드시 여기에 있을 것입니다. 아니, 반드시 여기에 있어야 합니다." 바이러스만 찾으면 만사 오케이? 그리고 바로 이 점에서 테러리스트에 대한 태도와 너무나 흡사하다. 예컨대, 미제국주의가 빈 라덴을 잡기 위해 아프간 산악지대를 융단폭격하고, 후세인을 잡겠다고 이라크를 쑥밭으로 만들어 버리는 방식과 너무나 닮아 있지 않은가?

실제로 미국이 '테러와의 전쟁'을 선포한 이후, 테러리스트들은 바이러스나 세균처럼 취급되고 있다. 9·11 직후 있었던 '백색가루'(탄저균) 소동을 빌미로, "인구의 생명 관리를 위해 국경을 넘나드는 신체들에 대한 통제와 조절이 어느 때보다도 강조되고 있다. 국경을 넘어 이동하는 신체들에는 바이러스도 있고, 그것을 실어 나르는 철새도 있으며, 테러리스트도 있고 이주노동자도 있다. 어떻게 불순한 신체들의 이동을 통제하고 국민을, 인류를 건강하게 관리할 것인가."_{고병권, 「소수자와 생명정치」, 미발표원고} 이것이 바로 현재 미국을 비롯한 세계제국들의 핵심 사안이다. 위생담론과 정치권력이 한치의 어긋남 없이 그대로 오버랩되고 있는 것이다.

폼생폼사, 전투력 제로!

괴물의 피가 박강두의 얼굴에 튀었다는 것이 알려지자, 강두네 가족은 '바이러스 보균 가족'으로 지목되어 병원에 감금된다. 하지만, 그들이 현서를 구하기 위해 병원을 탈출하면서 국제사회는 한국정부가 이 문제를 자체적으로 해결할 능력이 없다, 는 판단을 내린다. 하여, 미국과 WHO세계보건기구가 직접 개입하기로 결정한다. 그와 동시에 반경 수십 킬로미터 내에 세균학적 위험을 완벽하게 제거할 수 있는 '옐로우 에이전트'(첨단화학약품이자 살포시스템)가 선포된다. 여기서 자주권의 문제는 부차적이다. 왜냐하면, 근대권력은 바이러스에 관한 한 기본적으로 동일한 시스템을 가동시키기 때문이다. 요컨대 한국정부와 미국, 그리고 WHO는 위생권력이라는 하나의 체계 위에 연동되어 있다.

'옐로우 에이전트'의 스펙터클은 화려하다. 노란 우주복과 쾌속정의 질주, 최첨단 장비로 무장한 대규모 부대 이동, 그리고 팀스피릿 훈련을 방불케 하는 군사작전. 여기에 미디어가 적극 개입한다. 방송은 이런 스펙터클을 전 국민을 향해 끊임없이 '쏘고 또 쏜다'. 하지만 이건 어디까지나 대국민 과시용일 뿐, 실제로 하는 짓이라곤 소독가스 살포에 노란 마스크 착용이 전부다. 사스 때도 그랬다. 당시 중국이나 우리나라 당국이 한 일이라곤 언론을 통해 공포감을 유포하면서 바이러스의 정체와 이동경로를 탐색하는 것이 전부였다. 그 절정이 베이징에서 유학 중인 한국 학생들의 대규모 귀국 사태였다. 그때 인천공항에서 한 검역은 꼴랑 체온체크가 전부였다(오 마이 갓!). 그럼에도 마스크를 눌러 쓴 대규모 인파, 위생 관리의 대대적인 투입, 사스 발병률 및 사망률 그래픽 등이 전파를 타게 되면 그것만으로도 엄청난 정치적 효과를 발휘하게 된다.

'옐로우 에이전트' 장면은 바로 이런 사건들을 환기하기에 충분하다. 첨단 장비를 내세워 온갖 '생쇼'를 다 하지만, 정작 그 전투력은 제로에 가깝다. 그 많은 군대가 등장했건만, 정작 괴물과 맞짱을 뜨는 건 강두네 가족밖에 없다. 더구나 한강변에서 강두의 아버지가 괴물에 의해 희생당할 때, 그 많은 부대는 다들 어디로 갔는지(정말 한강은 넓고도 크다!). 기껏 뒤늦게 출동해선 괴물이 아니라, 아버지를 잃고 울부짖는 '불쌍한' 강두만 잡아간다.

다시 체포된 강두가 마취주사로 인질극을 벌여 탈출하는 장면도 한마디로 가관이다. 강두가 갇힌 곳은 마치 우주선 내부처럼 세팅되어 있다. 첨단 장비와 최고급 의료기술이 갖추어져 있는 첨단의 우주선. 허나, 정작 탈출하고 보니 한강둔치의 앰뷸런스 내부였다. 바깥에선 바비큐 파티가 한창이고(세상에!).

이런 식의 스펙터클은 두 가지 효과를 노린다. 하나는 바이러스에 대한 적대감과 공포감, 다른 하나는 당국으로부터 엄청난 배려를 받고 있다는 노예적 안도감. 즉, 국가권력이 기술과 과학을 내세워 부산을 떨어 대면 사람들은 전적으로 거기에 의존하게 된다. 그래서 권력이 호들갑을 떨수록 사람들은 일단 안심하고 본다. 그런 점에서 『학교 없는 사회』로 유명한 이반 일리히의 말대로 근대인들은 '서비스 중독증' 환자들이다. 학교가 많아지면 교육 수준이 높아진다고 믿고, 병원이 많아지면 건강이 좋아질 거라고 믿고, 고속도로가 뚫리면 생활 수준이 향상될 거라고 믿어 버린다. 하여, 문명국가가 될수록 사람들은 '평생에 걸쳐, 더욱 체계적으로 노예화되어 간다'는 게 그의 결론이다.

과연 그렇다. 바이러스가 표적이 되면 사람들은 이제 서로를 의심하기 시작한다. 스스로 알아서 '바이러스와의 전쟁'을 수행하는 것. 전쟁시의 구호가 "뭉치면 살고 흩어지면 죽는다"라면, 바이러스 앞에선 정반대다. "뭉치면 죽고 흩어지면 산다."

그런 점에서 이 영화 최고의 명장면은 '횡단보도'신이다. 바이러스 보균자인 박강두가 잡혔는데 초기 감기 비슷한 증세를 보인다는 뉴스가 대형 전광판에 뜨자, 빗속에서 마스크를 쓴 채 횡단보도에 늘어서 있던 시민들이 두려움에 떤다. 때마침 한사람이 심하게 기침을 하다가 거리에 탁! 침을 뱉는다. 하필 그때 차가 지나가면서 그 물을 사람들 쪽으로 튀기자 다들 기겁을 하며 달아난다.

이 장면이야말로 실제상황이다. 사스가 휩쓸 때 감기 기운이 있으면 친구는 물론 가족조차도 접촉을 피했으니까 말이다. 더구나 우리나라에선 환자가 단 한 명도 나타나지 않았음에도, '사스 추정환자'가 입원할 예정이라는 뉴스가 나가자 그 동네 주민들이 입원을 반대하며 밤샘농성을 한 적도 있었다. 사람들의 이런 마음이 바이러스보다 몇 배 더 끔찍하지 않은가? 이쯤 되면 이제 무슨 명령을 내려도 사람들은 다 고분고분 따르게 되어 있다.

'계몽'과 '지연' – 위생권력의 전략

푸코에 따르면, 고전적 주권론이 "죽게 만들고 살게 내버려 두는" 권리라면, 19세기 이후 근대의 생체권력bio power은 "살게 만들고 죽게 내버려 두는" 권리다. 다시 말해, 근대권력은 개별 신체가 아니라, "종種으로서의 인간", 곧 '인구'를 건강하게 관리하는 것이 최대의 관심사다. 임상의학이 권력의 핵심기제가 되는 이유가 여기에 있다. 중요한 건 출산율, 사망률, 평균수명 등 계량화된 수치일 뿐, 개별 신체들의 다양성과 질 따위는 안중에도 없다. 개별 신체들을 인구라는 전체 단위로 흡수·통합해 버리는 것, 그것이 근대권력의 기본 컨셉이다.

그 전략의 구체적인 내용은 계몽과 지연이다. 괴물에 희생된 사람들의 장례식장에 노란 우주복을 입은 관리가 등장한다. 복장 자체가 그로테스크하긴 하지만, 이것 역시 허황한 과장만은 결코 아니다. 바이러스로부터 몸을 방어하기 위해선 그 정도야 뭐(실제로 사스 때 베이징에선 화생방 마스크를 쓰고 다니는 사람도 적지 않았다). 더 중요한 건 이 관리의 어법이다. "다들 주목! 손 번쩍!" 희생자 가족들을 완전 초등학생(혹은 범죄자)처럼 대하고 있다. 상황에 대한 설명은? 일절 없다. 오직 명령과 통제만 있을 뿐. 강두의 동생 남일이 '상황에 대한 해명'을 요구하자, TV 발표에 맡겨 버린다. 그나마 TV도 칙칙거리고 나오지도 않는다. 또 강두가 괴물의 피가 얼굴에 튀었다고 보고하자, 즉각 손가락으로 얼굴을 가리키며 명령한다. "움직이지 마!" 동시에 강두를 노란 침낭에 둘둘 말아 질질 끌고 간다.

어떤 독재권력도 대중을 이 따위로 '허접하게' 다루지는 않는다. 오직 위생권력만이 할 수 있는 짓이다. 왜? 모든 사람들이 바이러스를 퇴치하는 건 의학의 힘이고, 그 힘은 전문가나 국가기관만이 독점할 수 있다, 고 굳게 믿고 있기 때문이다. 바이러스에 대한 공포와 과학과 국가에 대한 맹목적 믿음, 이 두 가지가 이런 식의 지배와 복종을 가능케 하는 것이다. 도널드 하사관이 죽었을 때, 미8군 대변인은 이렇게 말한다. "본국의 승인 없이는 어떤 정보도 공개할 수 없습니다." 이런 식의 언표는 정보의 독점도 독점이지만, 마치 배후에 뭔가 대단한 것이 있는 것처럼 느끼게 한다. 사실은 쥐뿔도 없다! 그렇게 해서, 도널드 하사관의 죽음에 대한 정보는 완전히 차단된다.

다른 한편, 위생권력이 대중을 길들이는 또 하나의 방식은 지연작전이다. 종합병원의 기술은 늘 첨단기계를 통해 표현된다. 첨단기계로 얼마나 깊이 인체를 투시할 수 있는가가 병원의 수준을 결정한다. 이것은 가능한 한 복잡할수록, 또 시간을 오래 끌수록 권위를 확보한다. 이 과정에서 없던 병이 생기거나 있던 병은 더욱 심화되기도 한다. "병원이 병을 만든다" 혹은 "침대에서 죽은 사람보다 침대가 죽인 사람이 더 많다"는 '블랙코미디식' 아포리즘이 성행하는 것도 이 때문이다. 잠깐 옆으로 새는 말이지만, 인기리에 방영되었던 의학드라마 <하얀 거탑>의 주인공 장준혁의 수술 장면을 떠올려 보라. 화려한 기술, 놀라운 속도, 완벽한 봉합. 그에게 수술은 자신의 테크닉을 만천하에 떨칠 수 있는 한바탕 이벤트요, 쇼다. 헌데, 과연 그때 수술대 위에 누워 있었던 환자는 제대로 살아났을까? Nobody knows!

이 영화에서도 그렇다. 마치 테러리스트를 체포하듯 강두를 병원으로 호송해 놓고는, 정작 병원에서는 어떤 조처도 취하지 않고 그냥 '내팽개쳐' 둔다. '비판적 지성'(?) 남일이 가만 있을 리 없다. "끌고 올 땐 개좆도 쌩난리를 피더만, 이게 뭐야? 그 샛노란 애들은 다 어디 있어?"

그런가 하면 강두의 여동생 남주는 놀라운 사실을 발견한다. "저거 봐, 의사도 마스크를 안 했어." 그렇다. 의사들은 할 필요가 없다. 왜? 바이러스와 마스크 사이엔 별 관계가 없거든. 솔직히 마스크 정도로 괴바이러스를 막을 수 있다고 믿는 사람은 거의 없다. 그런데도 다들 마스크에 집착하는 건 까놓고 말하면 그것 말고 달리 할 게 없기 때문이다. 사스 때도 '마스크를 써라, 손을 씻어라, 공공장소에 가지 마라' 따위의 구태의연한 조처 외엔 내릴 게 없었다. 사실 그렇다. 바이러스를 찾아낼 때까지 검사에 검사를 하는 것 말고 달리 뭐가 있겠는가. 한참을 질질 끌더니 담당의사가 와서 말한다. "박강두씨? 당신은 검사할 게 많으니까 내일 아침까지 아무것도 먹지마!" 역시 반말이다. 이 영화에선 의사뿐 아니라, 위생 관련 공무원들은 강두네 가족한테 다 말을 '깐다'. 이런 제길!

'결손가정' 혹은 '인디 밴드'?

강두와 그의 가족은 이제 두 가지 적과 맞서게 되었다. 하나는 한강의 괴물, 다른 하나는 옐로우 에이전트로 대변되는 위생권력. 둘은 적대적으로 보이지만 사실은 공생관계에 있다. 영화가 끝나도록 둘이 정면으로 맞선 적이 한 번도 없다는 게 그 결정적 증거다. 괴물이 있는 곳엔 군대가 없고, 군대가 출동하면 괴물은 종적을 감춘다. 기껏 마지막 결전 때 최루탄을 터뜨린 것이 고작이다. 거대 마피아들이 그렇듯, 둘은 서로의 '나와바리'를 침범하지 않으려고 애쓰는 것처럼 보인다. 왜 그럴까? 해답은 위생권력 자체의 속성에 있다. 옐로우 에이전트는 실전을 위한 것이라기보단 대국민 과시용이다. 한데, 자신의 위용을 드러내기 위해선 괴물이라는 '악의 축'이 필요하다. 그러니 괴물과의 적당한 거리에서 잔뜩 폼만 잡고 으스댈 밖에. 괴물과 위생권력 사이의 이 절묘한 어울림과 맞섬! 따라서 강두네 가족이 괴물과 마주치려면 그전에 위생권력이 쳐놓은 금지선들부터 넘어가야 한다. 예컨대, 병원을 탈출해서 한강으로 잠입할 때, 이들이 처음 마주친 것이 구청공무원이다. 구청 김과장은 방역업체들 간의 알력을 이용해서 '삥을 뜯는' 인물이다. 괴물의 출현으로 온갖 이권다툼이 난무하고 있는 것이다.

그럼, 이 두 개의 전선을 가로지르는 강두네 가족은 대체 어떤 집단인가? 일단 '정상적인' 기준에서 한참 벗어나 있다. 경제적 토대는 한강둔치의 매점이 전부다. 주인공 강두가 장남이고, 그의 아버지(변희봉 분), 그의 남동생 남일(박해일 분)과 여동생 남주(배두나 분), 그리고 강두의 외동딸 현서(고아성 분), 모두 다섯이다. 보다시피 모성의 결여가 한눈에 들어온다. 할머니도 엄마도 없다. 강두의 여동생이

자 현서의 고모인 남주가 그 역할을 할 만도 하건만 딱히 그렇지도 않다. 그녀의 캐릭터는 오히려 중성에 가깝다. 멜로의 여지가 전혀 없는 것도 그 때문이다. 모성이 결여된 삼대라? 그렇다고 가부장제적 질서나 위계가 있는 것도 아니다. 뭣보다 뚜렷한 구심점이 없다. 강두의 아버지, 곧 현서의 할아버지도 특별한 권위가 있는 캐릭터는 절대 아니고, 장남 강두는 아예 한참 덜떨어진 인물이다.

그렇다고 뭐, 애틋한 사랑이나 신뢰로 맺어진 가족도 아니다. 예컨대 중심인물인 현서와 강두는 부녀간이지만 그저 '친구 같은' 처지다. 둘의 끈끈한 정은 주로 핸드폰과 캔맥주를 통해 표현된다(이 두 가지는 영화의 서사를 관통하는 핵심소품이다). 강두는 현서에게 새 핸드폰을 사주기 위해 컵라면 그릇에 저금을 한다. 매점에서 아버지 몰래 잔돈을 '삥땅 친' 것이다. 양궁선수인 남주의 시합장면을 보면서 강두는 현서에게 맥주를 건넨다.

"자 한잔 해라."
"이거 술이잖아."
"중학생 됐잖아."
"아빠 맞아?"

철없는 아빠에 어른스러운 딸. 참, 대책없는 사이다. 강두와 남일, 남주, 세 형제의 관계도 엉망이다. 남일은 장례식장에서 형을 보자마자 다짜고짜 주먹으로, 이단 옆차기로 패대기친다. "니가 뻘짓을 했대매?" 한마디로 '콩가루' 집안이다. 이들을 하나로 엮어 주는 건 '현서'다. 열세 살 중학생. 남주와 마찬가지로 중성적 이미지다. 엄마 없이 아빠 같지 않은 아빠 밑에서 컸지만 밝고 건강하다. 장례식장에서 할아버지는 울먹이며 말한다. "현서야, 니 덕에 다 모였구나." 다 모이기가 참으로 어려운 가족들임에 틀림없다. 하지만 간만에 모여서는 울부짖고 뒤집고 난리를 떨어 장례식장을 난장판으로 만든다. 그만큼 현서에 대한 이들의 사랑이 원초적 본능이었음을 말해 주는 장면이다.

다시 한 명씩 짚어 보자. 강두의 아버지는 어설프지만 상당히 계몽적인 캐릭터다. 오징어 다리도 아홉 개가 아니라 '구' 개라고 발음한다. 왜? 그러면 더 정확하게 보이니까. "애만 뚝 싸질러 놓고 집나간 게 벌써 13년째구나." "한마디로 사고 쳐서 낳은 애를 사고 쳐서 보낸 거여." 그의 어법은 늘 이런 식이다. 하이라이트가 매점 안에서 세 형제를 앉혀 놓고 일장 훈시를 하는 장면이다.

"엄마도 없이 크던 놈이 불쌍하게시리 을매나 배가 고팠으면 남의 밭 여기저기 다니면서 서리질이나 하며 유기농 식단으로 끼니를 때우다가 밭주인한테 걸리면 직쌀나게 얻어터지고, 그러다 본께 한창 자랄 나이에 단백질 섭취량이 부족해서 그런지, 아휴, 이렇게 틈만 나면 병든 닭 맨치로 꾸벅꾸벅 졸기나 하구."

강두의 어린 시절을 상당히 분석적으로 정리해서 말해 주고 있다. 하지만 설득력은 거의 전무하다. 강두는 진즉부터 졸고 있었고, 남일과 남주도 아버지의 말을 듣다가 잠들어 버린다. 말하자면, 그는 뭐든 유식한 단어를 써서 논리적으로 정리를 해야 직성이 풀리는 인물이다. 그런 점에서 독극물을 방류하면서 "정확히 말하면" "더 정확히 말하면"을 연발하던 미8군 그 '작자'의 어법과 겹치는 부분이 있다. 그래서인가. 윗선에서 하는 거라면 일단 고개를 숙인다. 병원을 탈출한 뒤, "다들 멀쩡한데, 뭔 씨발 바이러스가 있다는 거야, 응?" 하고 남일이 틱틱거리자, 그는 낮은 어조로 단호하게 말한다. "위에서 있다면 있는가 보다 해야지, 어쩔 꺼이냐." 이런 인물은 위생권력이 가장 다루기 쉬운 신체다. 고로, 그가 희생되는 건 서사구조상 필연적이다. 그는 그 세대의 전형에 해당한다. 전쟁과 제3공화국을 거치면서 근대화에 총동원된 이 세대는 실제로 위생관념이 가장 투철하다. 한의학이나 민간요법을 미신으로 치부하면서 살아온 세대이기도 하다.

그런가 하면, 남일은 4년제 대졸 운동권 출신에 알코올중독자이다. 강두 대신 참여한 현서의 학부모회의에도 술냄새를 팍팍 풍기며 가는 '한심한' 인물이다. 자신은 조국의 민주화를 위해 열심히 싸웠건만 시절이 바뀌자 헌신짝처럼 버림받았다고 생각한다. 그러다 보니, 언제 어디서건 습관적으로 대든다. 좋게 말하면 '비판적 지성', 나쁘게 말하면 '사회부적응 인물'이다. "씨발" "좆도" "좆까" 같은 욕을 입에 달고 산다. 그에 비하면 무식한 강두의 말버릇은 얼마나 착한지. 그가 영화 전체에서 한 욕이라곤 "개새끼야"가 전부다. 그것도 습관적인 것이 아니라, 수술대 위에 누워서 더 이상 참을 수 없을 때 내뱉은 것이니, 욕이라고 할 수도 없다. 이로써 보건대, 지적 수준과 욕

설 사이엔 아무런 연관이 없다.(ᄊ)

아무튼 남일이 연출한 명장면은 핸드폰 위치추적을 위해 정보통신사에 있는 선배와 접선하는 부분이다. 비밀접선에 임기응변, 순발력, 그리고 마지막에 노숙자와 '꽃병'^{화염병}을 제조하는 것까지 다 운동권 시절에 터득한 노하우다. 하지만 역시 결정타가 부족하다. 괴물과의 마지막 결전에서 하나 남은 꽃병을 놓쳐 버린다. 남일이라는 인물만을 놓고 본다면, 이 영화는 아주 흥미진진한 운동권 후일담 영화라 할 만하다. 운동권을 너무 희화화시켰다고 불편해할 이들도 있겠으나, 꼭 그렇게만 볼 일도 아니다. 남일은 분명 불평지기로 가득하고 실수투성이의 낙오자지만 적어도 운동권 시절의 진정성을 여전히(!) 간직하고 있다. 최루탄 연기 속에서 괴물을 향해 꽃병을 날리는 남일의 모습은 얼마나 역동적인가!

여동생 남주는 양궁선수다. 하지만 결정적 순간에 시간을 오버하는 핸디캡을 안고 있다. 한마디로 시간을 통제하지 못하는 거북이다. 화살을 다루는 선수가 거북이라니. 하지만 괴물과 싸우면서 자신의 치명적 결함인 속도조절의 문턱을 넘어서게 된다. 괴물 앞에선 머뭇거림이 용납되지 않기 때문이다. 최후의 결전시 남일이 놓쳐 버린 꽃병의 불꽃을 침착하게 화살에 담아 괴물을 향해 날려 보낸다. 불화살을 맞고 꺼꾸러지는 괴물. 괴물을 무너뜨리는 게 위생권력의 화려한 무기가 아니라, 불과 화살이라는 '오래된' 무기라는 것도 흥미로운 설정이다. 위생권력의 화려한 스펙터클은 절대로 괴물을 잡을 수 없다. 왜? 괴물보다 더 몸집이 크고 괴물보다 더 무겁기 때문이다.

그 이전에 '한통속'이기 때문이다. 임상의학이 암이나 에이즈를 퇴치하지 못하는 이치와 마찬가지다. 따라서 그것은 권력의 외부에 있는 '야생성'에 의해서만 타도될 수 있다. 화살은 이 야생성의 상징이자 환유에 속한다.

이렇듯 이 가족은 아주 특이한 집합체다. 개별적으로 보면 하나같이 결여투성이다. 하지만 이들이 현서를 구해야 한다는 원초적 욕망을 중심으로 결집하는 순간, 아주 특이한 밴드로 재탄생한다. 가족이라는 단위가 주류적 척도의 지배를 받는 집합이라면, 밴드는 그런 척도로부터 벗어나 독자적인 흐름을 만들어 내는 집합이다. 결손가정에서 인디 밴드로! 가족에서 밴드로 변이하는 순간, 그들의 신체는 예기치 못한 저력을 발휘하게 된다. '무리생명'의 저력을.

추방된 신체, 봉쇄된 말

이 '인디-밴드'의 핵심멤버는 단연 노랑머리 강두다. 10대 날라리처럼 물들인 '머리 꼬라지'에서도 짐작할 수 있듯이, 그는 덜떨어진 철부지 중년남자다. 하지만, 그와 동시에 그의 내부에는 길들여지지 않는 야성이 꿈틀거리고 있다. 매점 안에 있는 '박제된 멧돼지'가 그의 또 다른 얼굴이다. 괴물이 처음 출현했을 때 한판 뜰 수 있었던 것도 그 때문이다.

하지만 괴물의 난동을 피해 현서를 잡고 뛰다가 넘어지고 말았다. 일어서는 순간, 다른 아이의 손을 잡아 버렸다. 아뿔사! 현서를 놓쳐 버린 것이다. 동생 남일의 입을 빌리면, 그야말로 '뻘짓'을 한 거다. 그가 한 결정적 '뻘짓'은 또 있다. 가족들이 탈출해서 괴물과 한판 뜰 때 아버지에게 총을 건네준다. 아직 "한발 남았다"고 하면서. 하지만, 그 총엔 총알이 없었다. 맙소사! 총알 숫자를 잘못 헤아린 것이다. 결국 아버지는 빈총으로 괴물과 맞서다 처참하게 당하고 만다. 이런 어이없는 실수를 두 번이나 저질렀지만, 그의 전투력은 놀라운 수준이다. 괴물과 싸울 때면 괴물 못지않은 '괴력'을 발휘한다.

그의 야생성은 무엇보다 그의 동선이 늘 예측불허의 리듬을 탄다는 데 있다. 예컨대, 잠을 자선 안 되는 상황에선 자고, 자야 할 상황에선 절대 잠들지 않는다. 매점 탁자에선 날마다 엎어져 자고, 장례식장에서도 울부짖다가 잠들어 버린다. "이 상황에서 잠이 와?"(남일) 그렇지만 앰뷸런스 안에선 의사들이 마취제를 정량 투입했는데도 불구하고 결코 잠들지 않는다. 그의 야성이 꿈틀거리면 마취제도 그를 잠재울 수 없다.

그런가 하면, 먹어서는 안 되는 상황에서 먹는다. 바이러스 검사를 위해 병원으로 끌려갔을 때, 담당의사는 강두에게 아침까지 금식을 명령한다. 하지만 강두는 밤에 몰래 골뱅이를 먹어치운다. 의사의 명령도 명령이지만, 사랑하는 딸 현서가 괴물에게 잡혀간 지 얼마 되지도 않았는데, 그 상황에서 골뱅이가 넘어가나? 한데, 그가 먹어치우는 골뱅이의 형상, 괴물과 꼭 닮았다. 보통사람 같으면 괴물이 연상되어 기겁할 만도 하건만 강두는 전혀 개의치 않고 단번에 삼켜 버린다. 그리고 나선 손에 묻은 골뱅이 국물 찌꺼기를 침대 시트에 쓱쓱 문지른다(우욱!). 한마디로 괴물한테도, 위생권력에도 포획되지 않는 반위생적인(?) 인물인 것. 그래서인가. 괴물의 기미를 가장 먼저 감지해 내는 '본능적 센서'를 가지고 있다. 매점의 문틈으로 괴물을 응시할 때, 그의 눈빛은 아주 특이한 강렬도를 발산한다.

하지만 그의 행동과 말은 철저히 침묵, 봉쇄된다. 괴물이 처음 출현했을 때, 도널드 하사관과 함께 싸웠음에도 언론은 도널드 하사관만을 주목하고, 강두의 존재는 숫제 지워 버린다. 장례식장에서 침낭에 둘둘 말려 끌려간 뒤로는 오직 '바이러스 숙주'로만 취급된다. 또 병원을 탈출한 다음엔 '보균자 가족'으로 현상수배된다. 있어도 없는 존재 혹은 바이러스와 다름없는 존재. 말하자면, 그는 권력 바깥으로 추방된 존재다.

따라서 그의 말은 늘 '씹힌다'. 현서한테 연락을 받은 뒤, '현서가 살아 있다'고 말하자, 담당공무원은 들은 척도 않는다. "따님 박현서. 당산여중 1학년. 사망자 명단에 있잖아요?".

강두의 답변. "사망, 사망잔데요, 사망은 안 했어요. 죽, 그러니까 죽었는데, 살아 있는 거지."

이런 '말도 안 되는 말'을 들어줄 리 없다. 계속 말이 씹히자 강두는 입으로 핸드폰을 물고 하수구에 던져 넣는 장면을 재연해 보인다. 괴물의 생리를 정확하게 파악하고 있는 것이다. 하지만 그의 말은 꿈으로, 정신질환으로 취급된다.

"나쁜 사람은 아닌데 충격을 받아서……."

탈출했다가 다시 잡혀온 후, 앰뷸런스 안 수술대 위에서 강두는 현서가 지금 원효대교 밑에 있다고, 빨리 가봐야 한다고 절규한다. 하지만 마취관들은 그의 말을 가지고 '논다'.

"원효대교의 원효가 그 원효냐?" "그럼, 반포대교는 반포대사의 반포냐?"

클라이맥스는 미군 최고위급 의사와의 대화다.

"박강두씨, 당신 딸이 살아 있다면서요? 진짭니까?"

"네, 내 딸이 지금 원효대교 밑에 있는 하수구에……."(강두)

"지저스, 아니 왜 경찰이나 군대에 얘기를 하지 않았습니까?"

"그게, 내 말……."(강두)

"방송국이나 뭐, 인권단체 같은 데라도 얘기 좀 해보지 그랬어요"

"아무도 내 말을 안 들어줘. 제발, 내 말 좀 끊지 마, 제발. 내 말도 말인데, 왜, 왜 내 말을 안 들어줘?"(강두)

이 의사는 강두가 지금 어떤 상태인지, 그의 딸이 살아 있는지 아닌지 따위엔 전혀 관심이 없다. 그의 관심사는 오직 강두의 머리, 거기에 있을 (아니 있어야만 하는) 바이러스뿐이다. 그의 화법은 임상의학적 시선 ─ 환자가 아니라, 오직 세균과 질병만을 보는 ─ 시선과 그대로 겹쳐진다. 이런 식의 배치하에서 그의 말이 존재할 공간은 없다. 하나 더, 위의 대사는 통역관의 한국어다. 그런데 이 한국어는 미국식 억양으로 말해진다. 한국어를 영어의 리듬에 '구겨 넣고' 있는 것이다(지저스!). 콩글리쉬에 대응되는 잉글리코리안이라고나 할까. 이 또한 한국인의 신체를 미국식 표준에 맞춰 재단해 버리는 태도와 그대로 맞물려 있다. 위생권력은 궁극적으로 모든 인간의 신체를 미국식으로 재편하는 것을 목표로 한다.

이어지는 장면. 이 고위급 의사와 통역관은 지들끼리 한참 동안 영어로 떠들어 댄다. 강두는 이들의 대화 속에서 '노 바이러스'라는 낱말을 잡아챈다. (옆으로 새는 말이지만, 이 대목에서 나는 한국인의 영어실력에 새삼 감탄했다. 무식쟁이 강두가 이 정도라면, 이제 영어는 한국인의 제2의 모국어라 해도 좋지 아니한가?) 그들의 이야기인즉슨 도널드 하사관은 물론 기타 다른 관련자들한테서도 바이러스는 전혀 발견되지 않았다는 것이다. 그 사실을 확인하자마자 강두는 즉각 탈출을 기도한다. 자기의 피를 뽑은 주사기를 이용하여 인질극을 벌인다. 바이러스에 대한 공포를 거꾸로 이용한 것이다. "니네 세균 좋아하지? 세균 콱 쑤셔 줄까?" 탈출 성공! 마침내 위생권력의 외부지대로 탈주한 것이다.

그리고 원효대교 아래, 최후의 결전. 괴물이 남주의 불화살을 맞고 쓰러지자, 강두가 달려들어 괴물의 숨통을 끊어 버린다. 그의 무기는 처음 괴물과 맞설 때와 마찬가지로 콘크리트로 된 표지판 밑둥이다. 오, 얼마나 원시적이고 또 얼마나 무데뽀인지! 하지만, 남주의 화살과 불처럼 이 무기 또한 권력 외부에 있는 '야생적 힘'을 상징한다. 비록 사랑하는 딸 현서를 구하진 못했지만 그는 두 개의 전선 ── 위생권력과 괴물 ── 을 넘으면서 전혀 다른 존재가 되었다.

추방된 신체에서 소수자의 형상으로. "실질적 예외상태를 창출할 수 있는 변이능력"을 가진 존재로.

'무리 생명'의 저력

> 한 존재의 생명력은 그가 가진 고유성에서 온 것이 아니라 그가 함께 구성하고 있는 무리의 능력에서 온다. …… 생명이란 바로 그런 것이다. 생명이란 일종의 '실질적' 예외상태이다. 포착할 수 없고 통제할 수 없는 사건 속에서 생명이 나타난다. 주권이 예측불가능한 위험 요소들을 통제함으로써 인구(생명)을 관리한다면, 생명력이란 실질적 예외상태를 창출할 수 있는 변이 능력으로 자신을 표현할 것이다. 고병권, 「소수자와 생명정치」, 미발표원고

그렇다. 강두와 강두네 가족이 보여 준 놀라운 저력은 바로 '무리 생명'의 변이능력이었다. 개별신체들이 무리가 되는 순간, 거기에는 예기치 않은 사건들이 도래한다. 다리 밑 노숙자조차 이 무리생명과 접속하는 순간, 뛰어난 전사가 되었다.

현서와 태주 역시 그러했다. 현서는 물론 태주 역시 '추방된 자들'이다. 현서가 중산층 이상의 가족에 속한 아이였다면, 권력과 언론이 그런 식으로 방치하진 않았으리라. 또 태주와 그의 형은 아예 통계자료에도 잡히지 않는 '떠돌이 고아'다. '집이 없는데', '집이 여러

군데'인 존재들. 이들은 한강둔치의 매점을 털어 먹고 산다. 괴물 때문에 출입이 봉쇄되었음에도 다시 한강에 잠입할 수밖에 없다. 왜? 먹고살기 위해서. 괴물보다 더 무서운 게 굶주림이니까. 결국 형은 괴물에게 죽임을 당하고, 태주는 현서와 같이 하수구에 갇히고 만다. 단지 먹기 위해서 괴물과 옐로우 에이전트가 대치하고 있는 그 삼엄한 전선에 뛰어든 것이다. 이 자체만으로도 이들은 생명의 "실질적 예외상태를 창출"한 셈이다.

현서 역시 죽긴 했지만, 괴물과 끝까지 대결했다는 사실만으로 생명의 변이능력을 충분히 발휘하였다. 괴물의 힘과 공포에 압도되지 않고, 맞짱을 뜬 셈이니까. 그리고 무엇보다 태주를 살려 주었다. 현서가 죽고 태주가 살았다는 것에 불만을 토로하는 페미니스트들이 있는데, 나는 그렇게 생각하지 않는다. 오히려 강두와 태주가 새로운 가족이 됨으로써 이들의 '소수성'은 증식되었다. 혈연적 유대조차 사라진 소수자들의 연대, 이거야말로 무리생명의 진짜 모습 아닌가. 이들의 일차적 문제는 살아남는 것이다. 자신들을 계속 변경으로 추방하는 권력에 맞서 '죽지 않고 살아남는 것'. 악착같이 살아남기.

그런 점에서 포식자의 '먹어치우기, 저장하기'와 '무리생명'의 '먹고살기, 살아남기'가 극명하게 대조된다. 하수구에 갇힌 현서와 태주에겐 가족들이 보고싶다거나 꼭 살아서 돌아가야 한다거나 하는 감상 따위가 전혀 없다. 그들은 그저 배가 고플 따름이다. 둘이 주고받는 대화는 '먹고 싶은 것'들을 하나씩 떠올리는 일이다. "바나나 우유, 소세지, 삶은 계란" 등등. 어른들 역시 마찬가지다. 현서에게서 연락이 온 뒤, 강두네 가족이 담당공무원과 옥신각신 하다 문득, 남주가 말한다. "현서가 며칠째지? 하수구에서. 뭘 먹지? 거기서?" 이 대사가 나오자마자 바로 가족들의 탈출 장면이 이어진다. 현서를 먹여야 한다는 생각이 그들을 즉각 행동에 돌입하게 한 것이다. 그들에게 가족이란 그야말로 '식구'食口였던 것이다.

괴물과의 격투를 앞두고 강두네 식구가 매점 안에서 컵라면과 김밥을 먹을 때 갑자기 현서가 쑥 끼어든다. 그러자 가족들은 서로 다투어 현서에게 김밥과 만두를 '멕'이고 또 '멕'인다. 판타지로 처리된 이 장면이야말로 이들의 생명력의 원천을 '리얼하게' 보여 준다.

마지막 장면도 압권이다. 눈발이 날리는 겨울 한강둔치. 사위는 적막한데 오직 강두네 매점만 남아 있다. 거기 강두와 태주가 살고 있다. 강두는 이제 예전의 강두가 아니다. 너절한 노랑머리에서 짧게 깎은 검은 머리로 바뀌었다. 무엇보다 눈빛이 형형하다. 정성스레 밥상을 차린 다음, 자고 있는 태주를 깨워 밥을 먹인다. 강두와 태주의 입안 가득 하얀 쌀밥이 들어간다. 순간, TV에서 괴바이러스에 대한 WHO의 발표가 나온다. 태주 왈, "끄자! 먹는 데 집중!" 강두는 리모컨을 찾다가 여의치 않자 발을 길게 내뻗어 TV를 꺼 버린다.

위생권력의 허황한 스펙터클과 악착같이 살아남은 이 '무리생명'의 쌀밥이 절묘하게 교차되는 장면이다. 이들은 이제 위생권력의 어떤 전략에도 포획당하지 않을 것이다. 동시에 이들이 한강둔치를 떠나지 않았다는 사실도 의미심장하다. 딱히 갈 곳도 없지만, 가야 할 이유도 없다. 이젠 어떤 괴물도 두렵지 않으니까. 오라!

2003년 봄 미국의 이라크 침공이 있었다. 그것은 내 일상에 두 가지 큰 변화를 가져왔다. 하나는 무려 10여 년 만에 시위에 나갔다는 것. 1990년대 초반 이후 정치와는 담을 쌓고 지낸 나 같은 사람조차 거리로 끌어냈으니, 정말 미국은 '힘이 세다'! 다른 하나는 TV 시청이 시트콤이나 <개그콘서트>에서 뉴스로 바뀌었다는 것. 거리가 아닌 집에서 할 수 있는 '반전운동'이라곤 오직 전황을 주시하는 것 말고는 없었던 터라, 나는 날마다 여러 뉴스채널을 부지런히 틀어 댔다.

그러던 중, 채널은 잘 기억나지 않지만, 9시 뉴스의 헤드라인이 전쟁 속보가 아니라, 괴질로 장식되는 걸 보고, 잠시 아연한 적이 있었다. 아니, 전쟁보다 괴질이 더 심각하단 말인가. 앵커의 말인즉, 중국 광둥에서 시작된 괴질이 홍콩을 거쳐 동남아 전체로, 다시 유럽과 북미로 뻗어나가고 있는 중이라는 것이다. 화면에는 마스크를 쓴 채 음울한 표정으로 거리를 오가는 홍콩 시내, 발병자와 사망자 통계수치 및 괴질이 전 세계를 향해 뻗어나가는 그래픽 등이 이어졌다. 화면의 무드가 어찌나 비장했던지 그 순간엔 마치 에일리언이 등장하는 공포영화를 보는 듯한 착각에 휩싸일 정도였다.

아니나 다를까, 그 다음날부터 거리에는 온통 '괴질에 관한 괴담'

---

* 이 글은 2003년 봄, 사스가 막 발발할 즈음, 『뉴스위크』에 실은 것이다. 앞의 글의 주제를 이해하는 데 도움이 될 듯하여 여기에 덧달았다.

들로 흘러넘쳤다. 이라크 침공에 대한 분노가 괴질에 대한 공포로 자리바꿈을 하는 순간이었다. 더구나 나는 오랫동안 고대하던 '중국 여행'을 준비하던 중이라, 괴담의 쓴맛을 톡톡히 보고야 말았다. 보는 사람마다 "정말 갈 거야?" "죽을 수도 있어"라며 '냉각수'를 끼얹는 통에 여행의 설렘임은커녕, '종군기자'가 전쟁터로 향하는 것마냥 비장한 결의를 다져야 했다.

괴질보다 더 무서운 건 바로 이렇게 '유령처럼 떠도는 말들'이다. 대개의 괴담이 그렇듯이, 전 세계를 공포의 도가니로 몰아넣고 있는 이 괴담 역시 속내를 까발려 보면 참, 공허하기 짝이 없다. 괴질, 전문 의학용어로 '사스'는 급성 호흡기증후군이다. 정체불명의 바이러스가 원인이다. 증상은? 고열에 기침, 호흡곤란 등이 수반된다. 결국 감기의 변종이다. 차이가 있다면, 치사율이 감기보다 좀 높다는 것뿐. 공기가 아니라 직접 접촉을 통해 발병하므로 감염의 위험성은 오히려 낮다. 이게 전부다. 그런데도 괴질은 전쟁을 능가하는 '충격과 공포'를 전 지구적으로 유포한 것이다.

그러고 보면 지금 우리 시대는 지구의 한편에서는 미사일이, 이쪽 편에서는 미생물이 가공할 스펙터클을 연출하고 있는 셈이다. 멀리서 소나기처럼 퍼부어 대는 미사일은 전자게임처럼 느껴지고, 눈에 보이지 않는 미생물의 존재는 '임박한 공포'로 각인되는 게 미디어의 술책인지 아니면 인간의 유치한 이기심의 발로인지는 모르겠으되, 어쨌든 이렇게 하여 괴질은 전쟁과 맞먹는 '거대담론'으로 부상하기에 이르렀다.

물론 이 괴담은 공허한 만큼이나 허점투성이다. 먼저, 바이러스에 대한 것. 질병이란 바이러스와 내가 맺는 특별한 관계의 표현이다. 바이러스는 퇴치되지도 않지만, 오직 그것만을 병의 원인이라고 보는 건 실로 무지의 소치다. 더구나 감기는 만병의 근원이다. 몸의 저항력이 떨어질 때 몸이 보내는 메시지가 바로 감기이기 때문이다. 알다시피, 감기는 현대의학으론 치료가 안 된다. 감기약을 먹어서 치료되는 경우 봤는가? 그저 몸의 기운을 다운시켜 통증을 완화시킬 수 있을 뿐이다. 쉬다 보면 대부분 낫기도 하지만, 면역력이 약할 경우 치명적인 질병으로 전이되기도 한다. 그런 점에서 어떤 종류의 감기도 위험하긴 마찬가지다.

그러므로 감기건 괴질이건 우리가 할 수 있는 예방책은 전혀 없다. 아니, 방법이 하나 있긴 하다. 잘 먹고 잘 자면 된다. 그런데 괴담이 떠도는 순간부터 사람들은 잠자리가 뒤숭숭해진다. 열이 조금만 나도 '혹시 괴질?', 목이 좀 이상해도 '혹시 괴질?' 하는 의혹이 꼬리에 꼬리를 물고 이어지는 것이다. 괴질이란 특정 바이러스에 감염되는 것 이전에 이렇게 생활 깊숙이 드리워진 공포의 긴 그림자 자체가 아닐는지. 이 괴담이 지닌 또 하나의 함정은 단지 공포만 야기할 뿐, 사고의 전환을 유도하지 못한다는 데에 있다. 사스 바이러스의 등장은 환경재앙과 깊은 관련이 있다. 하지만 아무도 거기에는 주목하지 않는다. 오직 '악의 축'인 바이러스의 퇴치에만 안간힘을 쏟을 뿐이다. 그러고 보면 미국이 이라크를 침공하는 논리와 참으로 유사하다. 지구촌 전체를 '충격과 공포'에 몰아넣는 것까지도.

이 '추악한 전쟁'이 끝나도 전쟁은 계속될 것이다. 사스가 사라져도 또 다른 괴질이 뒤를 이을 것이다. 전쟁이 우리가 향유하는 자본과 문명에 뿌리를 내리고 있듯이, 괴질 또한 우리 삶과 신체의 또 다른 표현이기 때문이다. 이노 카렌이라는 의사는 이렇게 말한 바 있다. "위생유토피아에 대한 꿈을 버려라, 그리고 미생물과 상호적응의 무도회를 즐기라"고. 진정 평화를 소망한다면 자본에 뿌리박은 욕망의 배치를 근본적으로 바꾸어야 한다. 마찬가지로 괴질, 아니 괴담으로부터 자유롭기 위해 우리에게 필요한 것은 바로 이런 '공존의 지혜'일 터이다.

덧달기 2 '프리온'을 어떻게 제거할 것인가*

2008년 봄, 이번엔 포름알데히드 대신 광우병이다. 미국인들도 불안해한다는 쇠고기를 한국에 대량 살포(!)하기로 작정한 것이다. 민심이 흉흉해지자, 미국은 이례적으로 휴일에 기자회견을 열었다. 미국산 쇠고기의 안전성을 홍보하는 관리에게 한 기자가 물었다. "만약 한국에서 광우병이 발견되면 쇠고기 수입이 중단되는 것인가?" 그의

* 이 글은 2008년 5월, 『경향신문』 '경향포럼'에 실린 원고를 수정한 것이다.

답변. "광우병이 발견되더라도 수입이 중단되지 않기를 바란다. 중요한 건 위험물질의 제거에 있기 때문이다." 위험물질이라? 쇠고기 중에서도 특히 광우병에 노출되기 쉬운 몇몇 부위를 뜻한다고 한다. 하지만 핵심은 부위가 아니라, '변형 프리온'이라는 물질이다. 프리온은 바이러스도 세균도 아니다. 일종의 단백질 변형체다. 언제 어떻게 변형이 일어나는지, 그것이 왜 소의 뇌세포를 스펀지처럼 만드는지 아무도 알지 못한다. 초첨단 기술과 현란한 스펙터클을 자랑하는 현대 과학도 프리온 앞에서는 속수무책이다.

하지만 정말 모르는 것일까? 아니면 모르는 체 하는 것인가? 다들 감지하고 있듯이, 광우병은 근대 육식문명의 산물이다. 여기서 육식문명이란 단순히 고기를 먹느냐 안 먹느냐의 문제가 아니다. 오직 자본의 증식, 미각의 탐욕을 위해 동물들을 마치 통조림처럼 생산하고, 유통시키는, 더 이상 잔혹하고 더 이상 비열할 수 없는 문명의 배치를 의미한다. 광우병은 그 문명의 오만과 탐욕이 불러온 재앙의 결정판이다. 인간과 동물 사이를 넘나든다는 초유의 속성 역시 너무나 당연하다. 쇠고기를 만드는 소들은 '동물'로 취급된 적이 없다. 움직이지도 못한 채 오직 항생제와 동물사료로 사육당하다가 도살장으로 끌려가는 존재가 어떻게 동물인가? 그것은 오직 인간을 위한 '사물'로 태어나고 죽을 뿐이다. 그러니 그들의 질병이 인간에게 건너오는 건 실로 당연한 이치 아닌가? 또 단백질은 생명의 근원이다. 결국 그것은 이 병이 생명의 근원에 뿌리내리고 있음을 의미한다. 프리온은 산 것도 아니고, 죽은 것도 아니다. 그러니 없애 버릴 수도 없다.

현재로선 600도가 넘는 고열에서만 사라진다고 한다. 그 때문에 영국에선 오백만에 달하는 광우병에 걸리지 않은 소들까지 600도가 넘는 '지옥의 화염'에 던져져야 했다.

사태가 이런 지경인데도 한미당국자들은 하나같이 확률상 별 문제가 없다고 주장한다. 심지어 광우병에 걸린 소라도 위험물질만 제거하면, 먹어도 상관없다는 망언(!)을 한 의원도 있었다(미친!). 사스 때는 단 한 명의 의심 환자도 출현하지 않았건만, 그 생난리를 떨더니, 광우병은 저 끔찍한 홀로코스트를 경험하고도 괜찮다고, 괜찮다고 외쳐 댄다. 프리온에 대한 이 '지독한 편애'를 대체 어떻게 이해해야 할까? 답은 간단하다. 돈! 사스 때는 방역 시스템을 가동해야 돈이 되지만, 프리온은 그 몸체인 쇠고기가 전국에 살포되어야 돈이 된다. 국민 건강? 그거야 뭐, 확률에 맡기면 된다. 이게 바로 위생권력의 '본래면목'이다.

다시 말하지만, 광우병은 바이러스형 질병이 아니다. 존재의 뿌리에 맞닿은 질병이다. 따라서 일단 한 명이라도 발병하는 순간, 그 공포는 천지를 뒤덮을 것이다. 치사율 100%에 뇌에 구멍이 뚫려 존재가 완전히 붕괴된 채 죽어야 한다는 것. 게다가 잠복기가 10년이라지 않는가.

하여, 다시 묻고 싶다. 만약 한국에서 한 명이라도 환자가 나오면 어떻게 할 것인가? 조류독감이 발발하자 사방 몇 킬로미터 이내에 있는 닭과 오리들은 무차별 살처분을 당했다. 그럼 광우병도 그런 식으로 해결할 작정인가? 소를? 인간을? 대체 어떻게?